重新愛上你

我們這一代的幸福與焦慮

蘭萱

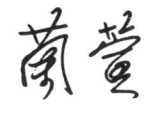

目次

序

來，我們攜手青春作伴

哈，妳終於也有白頭髮了！

上個月，熟識的髮型設計師帶著幸災樂禍的邪惡笑容對我宣布這個消息，同時冷不防用力一扯，一根銀白細絲就掐在拇指、食指間，彷彿替她的少年白報了一箭之仇。

從第一劑施打免費流感疫苗、第一次小跑步過馬路覺得膝蓋卡卡、第一次看不清錫罐上密密麻麻的生產製造日期，再到幾個月前第一次夜裡盜汗，和髮型師手中的那根白髮……。每個人的青春警鐘敲得有快有慢、順序有這有那，該來的總是要來。

王國維詩云，最是人間留不住，朱顏辭鏡花辭樹。自小不是個愛照鏡子的女生，但再怎麼灑脫疏懶不在意，就像外觀折舊、零件故障、功能退化……，傳遞出該換新手機、新車、新家電的警告訊號，年過五十，無須攬鏡，自己身體裡裡外外上上下下時不時也會亮燈提醒，「保固期」已過，「初老」降臨。

同樣的初老，不一樣的人生座標

初老是人生的重大階段。不論對身體健康、日常生活帶來的實質影響，或在心靈層次、人生思考產生的衝擊變化，古今東西、任何世代未曾等閒視之。從醫學、文學、哲學的浩瀚探究，到理財保險的養老善後務實準備，在在指向人們站在此刻人生座標上，即便一路走來有起有落有曲有折，但從此以往的人生路，只有下坡。

不過，真是這樣嗎？

如果二十一世紀沒有瘋狂的網路和科技進步，我們的初老人生可能和父母或祖父母差不了多少，一條清晰可預見的單峰拋物線，一齣主梗雷同重複上演的悲喜劇。然而，就在本世紀初的一二十年間，人類文明經歷史上變化速度最快、衝擊最大的時期，尤其老去這件事，和之前任何一個世代都大不相同。

比方講到「老」，我們的心情就不一樣。惆悵失落難免，畢竟時光依舊直線進行，逝去的青春不復返；但明顯的是我們不再如此無奈，醫療科技飛躍進步，至少對於色衰體弱這類事不會無計可施。

連帶影響更大的，當我們望向前方，人生曲線已然改變。四五十歲衝上巔峰之後一路下行、安養餘命的人生不再，不僅僅是險陡坡或緩降坡的差別而已，第二人生甚至多峰人生的可能性，迤然開展眼前。

換句話說，相較戰爭世代的顛沛耗損，到了戰後嬰兒潮世代後期，活得久，不再是生命中的主要命題，怎麼活，怎麼有錢、有閒、有健康、有尊嚴、有意義地活下去，才是前所未見的新煩惱。

「想到我可能會活到一百歲，就頭皮發麻！」單身好友不只一次強烈表達她的憂愁，因為她有一百零三歲的外婆、七十八歲的媽媽和八十九歲的老爸。雖然目前三人比起同輩都算健朗，但想著從初老到終老，還有一段長長距離可能漫漫獨行，再怎麼擁有長壽基因，都讓她半點也高興不起來。

有朋友則是另類景況。幾年前，她老公決定把失智婆婆送往養生村接受更專業的照料，做媳婦的她長年壓力才稍有緩解，可以專注關心今年考大學的兒子，但年初，由兄姊照料的爸媽也因失智和帕金森氏症雙雙住進醫療養護中心。孝順的她經常南下探望不以為苦，「我最大的感受其實不是累，是怕。」我們這一代有兄弟姊妹，縱是各自奮戰，再怎樣也算立了腳跟，上對爸媽，下對子女侄甥，都可以相互幫忙，分擔生活照顧和金錢資助，「可是我完全不敢也不想寄望兒女以後養我，他們能顧好自己就千萬感謝，阿彌陀佛了！」

儼然是二十一世紀版的狄更斯名句情景。「這是一個最好的時代，也是最壞的時代。」我們人生的關鍵轉折點，好巧不巧，就和人類生命故事的新篇章交疊在一起。

幸或不幸，不是絕對，端視身處其中的我們怎麼看怎麼想、如何因應。

邁入人生延長賽，要對未來有美好想像

這場亙古以來的生命拔河，人類憑藉自身力量好不容易讓繩子那頭的老天爺（或死神）鬆了鬆手，我輩恭逢其盛何其有幸。但繩子一鬆的後作力，讓這代人頓失重心、陣腳大亂，甚至使錯力氣搞得人仰馬翻，只能慌張中急忙調整陣式步伐。

所幸，父母輩一貫地引路前進，看著高齡浪潮中，他們首當其衝、逐漸佝僂的辛苦身影，能夠陪伴攙扶，未嘗不是子欲養親猶在的人倫幸福，和一曲以身示範的老去練習曲。不過，多數的四五年級生，除了面對更須照料的老去父母，通常還有更晚自立的崩世代子女，以及更有自覺想要實現價值享受人生的自我。上下左右多方同時擠壓的身心和經濟負擔，讓這群應該是史上首度擁有第二人生的長壽

世代，有時簡直像飛天遁地的神力女超人、superman 般英勇，有時宛如一大群不斷踩著輪圈做極限壓力測試的實驗白老鼠。

只要不是壓扁了的三明治，超人也好，白老鼠也罷，最好是壓不扁的玫瑰，比起父母輩，我們還是應該感恩。感謝有時間餘裕因應突然改變的人生遊戲規則，為百米短跑衝刺變成半馬耐力賽，調整規畫、預作準備；也感謝在這延長賽道上，至少有你有我。

是某種殊途同歸吧！人生路徑百川奔流，本在終點匯聚。如今拜醫療和網路科技之賜，愈來愈多青壯時期忙於事業、感情、婚姻、教養小孩，以致疏於往返的新舊朋友，在勤奮拚搏的壓力高峰後、漸將獨行的人生終點之前，有意識地回頭尋覓同學、同事、同鄉、同好，線上線下重新匯合相聚。一個又一個大小場合，不論已婚、未婚、離婚，管它老闆、員工、老師、教授，嘰嘰喳喳交換照料父母的甘苦

談、子女長大的空巢感、夫妻相處的濃淡變化，相互提醒注意健康、彼此加油繼續奮戰，成了另一種同溫層。

「我辭職了，想回苗栗開間夢想小書店。」「弟弟接手照顧爸媽，明年中你們來日本找我玩，我報名了半年的遊學課程。」「幾個大學同學聯手開畫展，她們都是家庭主婦，孩子大了才學畫，很精采，妳一定要來捧捧場……。」想像一路走向銀光閃爍晚霞滿天的未來，老同學、好朋友偕伴而行的身影，縱或只是壯膽，都安心許多。

快樂呼朋、自在作伴，享受孤獨、暢懷人生

一首熟齡變奏曲正在耳邊交織響起。如果你和我一樣，忐忑中懷抱著更多好奇與期待，憂慮的同時激發出十足勇氣和創想，那麼，翻

開這本書吧，正如你大膽翻開新的人生篇章。

這本書中，我刻意放下長篇大論的理性分析與論述，以一篇又一篇的短文寫下這些年來我所經歷、所見所思的小故事，談談我們這一代的幸福與焦慮，分享我對獨身、對人生下半場的觀察、領悟與行動。

我相信，世代定義不是必然，應該更自由想像；我相信，獨身可以是一種選擇，不是宿命；我相信，自處可以不寂寞，作伴亦可不相羈。我相信，人生下半場，是關於生命重新盤點、重新配速，重新愛上自己、愛上身邊的人、愛上你我身邊的世界。

以及，練習說再見。

這本書，有時間翻翻，沒空時就擱下；沒人作伴時翻翻，有人陪時請放下；需要打氣時翻翻，縱情開懷時別猶豫，當然丟到床底下。

杜甫詩句，白日放歌須縱酒，青春作伴好還鄉。可以快樂呼朋、自在作伴，又能享受孤獨、暢懷人生，不就是我們這個世代對自己和未來所能擁有的最美好想像。

而當我們恣意淋漓活出自己嶄新的人生故事，自然又將集體寫就幾波浪裡來去的這個世代，不斷破風前進的最新形貌也可能是最終篇章——橘色一．〇版。沒得抱怨、沒得選擇，牽手一起走，大手拉大手。

1 對話，與自己的心

台灣的「獨居／單身時代」無疑已正式來臨。但我們社會做好面對這股趨勢浪潮的準備、理解獨居／單身者的真正想法和生活嗎？

[1/3]

台灣「一人戶」高達近274.7萬戶，

占全台家戶數的32%

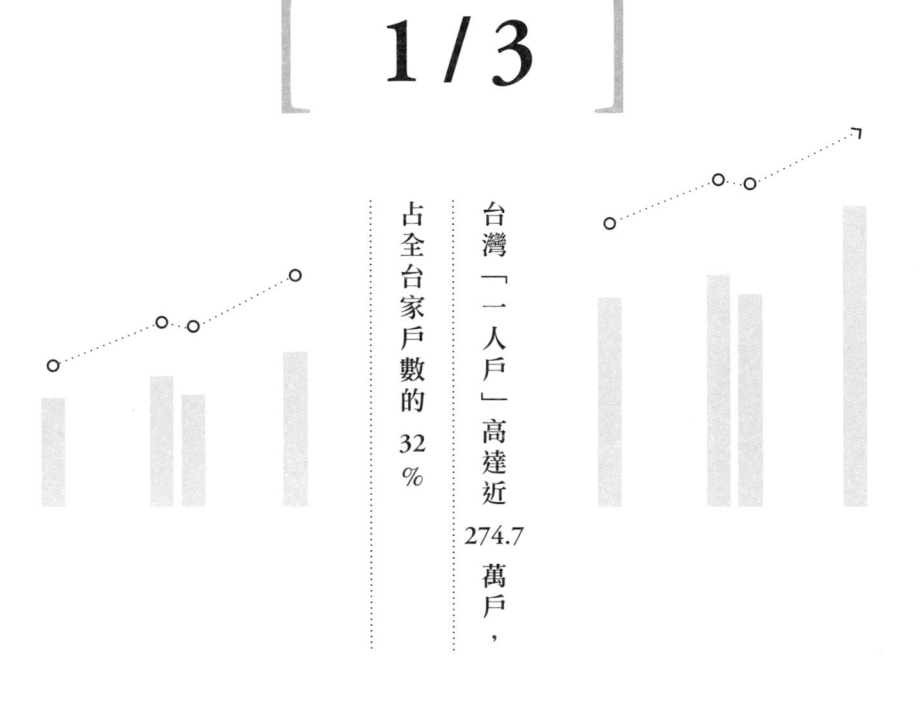

我一個人住，因為我可以

文子的甜美俏麗就算不是萬人迷，肯定也達班花系花等級。尤其她機靈利索，自普通大學畢業六、七年，在職場已小有一片天、攢了些許積蓄，比起正和二十幾K奮戰的同學只能偶爾圖個小確幸，坐在我面前的文子跟服務生點了兩杯 House wine，笑盈盈地說：「萱姊，今天我請客！」

但那笑，像蜜糖裡有幾隻螞蟻載浮載沉。我知道有事情困擾著文子。幾次朋友聚會中她磨磨蹭蹭擠到我身邊，有意無意問起關於「資深單身生活」的種種，我便猜想可能會有這麼一天。

其實說開來，事態並沒我預想的嚴重，就是文子愛上一個大她十歲、離了婚的男人盧卡斯；真正的問題在於盧卡斯還帶著一個六歲小孩。在文子這樣一個自信獨立都會女子曾有的婚姻想像中，成熟年長是優點、離婚狀態可接受，不過來自單親爸爸的熱情追求……，還沒有自己小孩前就要先當個小媽……，嗯，不只始料未及，狀況的確有點棘手。我逐漸明瞭文子跟我探問單身種種的想法，顯然相對於走向婚姻的糾葛難解，維持現狀未必不是她同時享有愛情和自我的一種選擇。

當然，不想結婚的文子和已經離婚的盧卡斯，人生故事才開始，未完待續。而我漂浮於島嶼上空，俯瞰千家萬戶燈火中愈來愈多類似文子、盧卡斯的單身或獨居靈魂，想像著他們各自又是什麼樣的故事。

事實上，最新官方統計數字，台灣去年結婚率創下八年來新低，只有十三萬八千對新人結婚，比起前年少了近一萬對。相對的，離婚率則創下五年來新高，每十分鐘就有一對說再見，特別是離婚主力並非衝動聚散的七年（以下）之癢，婚齡十年以上的「老夫老妻」居然占四成。換句話說，台灣一人獨居的最新數字是二百七十四萬七千戶、占家戶數三十二％，如果再算進像文子、盧卡斯這樣不結婚或已離婚但和家人同住的單身者，保守估計全台灣至少一半左右的人正處在婚姻之外的一人狀態。

台灣的「獨居／單身時代」無疑已正式來臨。但我們社會做好面對這股趨勢浪潮的準備？理解獨居／單身者的真正想法和生活嗎？

比方獨居／單身和孤獨是兩碼子事，但近年來，因為網路沉迷和高齡海嘯的雙重話題熱度升高，一時之間寂寞阿宅、繭居族或孤獨老、孤獨死等新創名詞發酵，彷彿獨居／單身就等同有害健康、有損快樂。比方因為擔憂少子化對社會經濟以及不婚、離婚對婚姻制度的影響，傳統觀念傾向把獨居／單身當作非常態、過渡性質的「問題」，以為可以扭轉改變，但其實許多獨居／單身者是在選擇一種「生活方式」和「人生價值」，同樣值得被尊重。

紐約大學社會學教授艾瑞克．克林南柏在《獨居時代》書中，把十年內全球獨居人口增加三十三%的風潮比喻為一場正在進行中的大規模社會實驗。因為數位媒體日新月異、社會網絡持續擴大，群居生活不再理所當然；而兩性平權和經濟甚至心靈獨立的狀態趨好，提供獨居／單身者更自在自信的選擇空間。

獨居／單身需要學習，未必適合所有人。但當社會中「一個人住，因為我可以」和打算「一個人變老」的人口和觀念持續增加，整體社會和政策實在有太多需要因應和調整的事情可做。

練習單身，做自己時間和意志的主人

做為實驗白老鼠也好，傻傻先行者也罷，常有年輕女子問我單身好不好？

即使社會氛圍已從單身對錯的貶抑批判，逐步轉化為比較友善的好壞討論，我的答案始終如一，單身不該有對錯，優缺好壞因人而異。

如果有緣分有時間，我會講幾個小故事來舉例單身生活的甜苦參半（bittersweet）。

做自己時間和意志的主人，是單身最棒的禮物。

一個周末午后，窩在舒服單椅上，就著流瀉的音樂飄逸的香氛讀一本很棒的書，剛好其中某段落描述好友母校哥大的趣聞軼事，我忍不住打電話跟她分享。只記得當時的她一邊聽我講話，一邊用急促忙亂聲調喝止顯然正在調皮玩耍的小鬼，突然，她頓了一下，悠悠地說：「好羨慕妳現在的生活，我不知道已經多久沒有好好坐下來讀完一本書了。」我想好友婚後對於自由自主的想望應該已經滿到就要外溢，才會輕微觸碰即有感而發。包括老是缺席高中最要好的七仙女聚會，還有我們相約十餘載始終無緣重溫的旅行殘念……。

不過，看起來無拘無束的單身生活，還是有必須面對的社會壓力、生活不便等大小困擾，以及某種關上門後一人獨處難與外人說的陰暗晦澀。

只是對於喜歡獨處不怕寂寞的我來說，這些都不是大問題。真正最大的風險，是需要急難救助的時候，尤其當初老來敲門，我想類似狀況應該只會增不會減。

生平第一次感受到單身生活確實有危機，是某日拖地滑跤，身體騰空就要摔到地板前四腳朝天的當下，腦際浮現慢動作似昏厥或掛點卻無人知曉的蒙太奇畫面。所以當第二次因為切菜切到手指鮮血直流，只能憑著印象常識胡亂止血包紮，然後高舉受傷左手過心臟，趕忙下樓搭小黃去台大急診縫針，事後我二話不說用磁鐵在冰箱貼上鄰居、朋友和附近警局的緊急聯絡電話，同步在手機設定三個單鍵電話以備不時之需。

只是有些事，真的不宜勞師動眾。有一次我硬著頭皮去按對門門鈴，期待經常往來的王太太出來應門，結果莫非定律，開門的是王先生。「嗨，難得看到妳，有事嗎？我太太不在，妳可以跟我說，我轉告她。」王先生熱心地問候。「喔，沒什麼事，謝謝謝謝，我等你太太回來再來找她好了。」「哎，不要客氣，有事直說不麻煩的。」「謝謝謝謝，真的不用……。」我邊說邊退回自家門邊，趕在尷尬笑容就要僵掉之前，顧不得禮貌，砰一聲關上房門鬆了一口氣。洋裝背後拉鍊卡住這種事，要請對門太太幫忙已經夠好笑夠丟臉的了，何況是男主人。

因為求救之前已獨自和拉鍊鏖戰許久以致有點精疲力竭的我，那天晚上穿著洋裝頹然坐在客廳痴痴地等著王太太回來。我忍不住開始想像未來可能發生在背上的事。比方冬季乾癢的時候、需要搽乳液的時候，或者因為五十肩而現在無法想像以後會發生的悲慘狀況……。

我們常說，單身生活是好是壞，一如某人的蜜糖可能是他人的毒藥，全憑個人性格感受和生活價值取向。然而，進入初老之後，我察覺單身與否，在第一人生是婚與不婚的個人選擇，但到了迎接年齡閱歷都更臻成熟的第二人生，不論是想要拿回人生主導權的心理需求，或是終將獨身孤老的現實歷程，「單身狀態」都不再是選擇題，成了人人都得去思考面對、學習作答，甚至著手準備的人生申論題。

填滿永遠比放空容易。學習單身，得從留些真正的空檔時間和自己單獨相處開始，做點什麼或什麼都不做，就聽聽心裡的聲音。

人生不可能是孤島。避免獨老鬱終，記得打開心門心窗，讓空氣流通陽光灑入，邀請舊雨新知進來坐坐。

為自己編織一張親情友情甚至愛情交錯的安全網，柔軟又堅韌，誰還怕追求勇敢無畏的再次精采。

一個人在家，你會不會跟自己說話？

「嗯，這個女人今天看起來很累……，甘芭茶喲！」

劉黎兒告訴過我，不少日本女人會有對著鏡子裡頭自己說話的奇怪習慣，像是刻意跳脫用第三人角度端詳自己，當然，也順便替自己打氣。

「這樣子好嗎？好像不太對！餐桌正對著玄關，怪怪的……妳覺得呢？」

一位閒來會把家具擺設搬來搬去的單身女友，在不自覺間養成這種自問自答的習慣，彷彿家裡有個隱形人相伴，她說，這樣感覺比較有生氣！

還有一位中年男子，也說自己會對著牆壁講話——這番話的內容我難窺奧祕，這裡就不轉述了。當他說到自己偶爾會對著牆壁發表一個多小時滔滔不絕、手舞足蹈的演說時，大夥兒都睜大眼張開嘴笑到差點岔了氣。這等樂在其中的怪癖，實在有趣。

傳說中，所羅門王戴上指環能和蟲魚鳥獸交談，後人因此稱他是洞悉萬物奧祕的先知。英國一項研究建議培養學童和寵物講話的習慣，讓孩子在無壓力無競爭的氣氛下自在地訓練表達能力。顯然人類對著動物說話，有聖經故事和學術研究背後撐腰，雖古怪倒也有其正當性和建設性；但當現代男女動不動會對著鏡子、牆壁、空氣自言自語時，又透露出什麼訊息？代表什麼意義？

我們姑且稱它為「單身症候群」吧！

這不是我的新發現。前些時候《自轉星球》的黃俊隆和他同事為了即將在秋天出刊的雜誌來訪，他們想做三期雜誌，就三期，創刊號之後尾隨著熄燈號然後說再見的三期，第一期便鎖定單身故事，二、三期還是祕密。點子很有意思，比較像非雜誌也非書的雜誌書，但更有趣的在後頭。

在一段家常式的閒聊和再正常不過的訪談後，他們切入一個我從沒想過卻奇妙無比的細節，直搗單身生活核心。「妳一個人在家，會自言自語嗎？」

「什麼？自言自語？」

儘管作為社會人口少數，單身男女多半早已練就面對長輩親友看似善意卻探人隱私時的一套標準答案，單身的理由、單身的生活，是說久了自己都可能會相信的白色謊言；但「巷子內」的人會知道，單身過得好不好，孤獨的魔鬼或自由的天使若曾留下蛛絲馬跡，往往就躲在不自覺的細節中，尤其是獨處的時候。

但問到自言自語，第一時間我還是愣了一下，忍不住反問：「單身的人有這種怪毛病嗎？會自言自語？」看著他們不置可否卻點頭微笑，我只好開始試著認真地回想。對著牆壁、對著空氣、對著鏡子講話的朋友影像，就在此刻逐一閃過腦際，連記憶中小時候看著媽媽盤算家裡收支狀況時，嘴裡經常念念有詞的畫面竟也清晰起來。不過，挺享受獨處的自己有這習慣嗎？實在想不起來。我騰空俯視自己、快速倒帶……。

「Shit！又忘了帶鑰匙！」這是我，通常在清早旋風出門，一手勾著鞋後跟、一手順道帶上鐵門那千鈞一髮的瞬間，會脫口而出的小咒罵。迷糊的次數不等，多則每天都來一回，少則每周一兩次。當然，偶爾也會更換台詞，譬如說「Shit！又忘了帶手機！」

我笑了出來！這是我唯一想到的，但「這樣……算嗎？」

事隔多日，到現在為止，我還不知道自己簡潔有力的低聲咒罵，是不是被歸類為自言自語的一種；在《自轉星球》眾多訪談中，我的「單身症候群」情節又算是輕或重？不過，我一點都不介意，反而覺得好玩，就算自言自語，也是一種紓壓自處方式。

每個人的生活原本就是無數細節累積出的一種狀態，重點是怎麼樣讓自己在狀態中找到最舒服最愉快的對應方式。一個人生活久了，可能期待一些聲響，所以喃喃自語；兩個人相處久了，叨叨絮絮，或許需要一副耳塞。習慣單身的人，可能睡成大字型，舒暢；兩個人睡慣了，或許換到再大的床也只蜷在一側浪費一半。

我想，比較煩惱的恐怕是，屋簷底下分明有另一個人，卻還像是看著牆壁說話、對著空氣交談……，這，又該稱做什麼呢？

「反正你一個人嘛……」，給我滾！

有一種開場白，我稱它為天才造句法，通常只要話再繼續往下接，總會讓單身男女感覺坐立不安哭笑不得，最糟的結果是憤憤不平。這句話叫做：「反正你一個人嘛！」

來，試試看，順便想想你是否也曾對單身者說出類似的天才造句，或許出自好意，或許壓根無心，卻苦了那個不忍當面拒絕或辜負你的人。

「反正妳一個人嘛，這桌上沒吃完的，就統統打包帶回家，也省了煩惱下一餐！」事實上，這時候，你朋友真正的煩惱可能是，家裡冰箱裡那些昨天才打包帶回來的東西，根本沒吃完該怎麼辦才好。

「反正妳一個人嘛，在家也閒著沒事，就出來走走玩玩，我算妳一個囉！」或許這時候，你這朋友才從便利商店買完可樂、爆米花，腋下夾著幾片租來的ＤＶＤ走在回家路上，正開心地準備像顆植物種在沙發上一樣，一動不動地好好沉迷享受一晚，這下子剛爆好的米花又該怎麼辦？

「反正妳一個人嘛，我們北上就住妳家啦，沒床沒關係，鋪在地上也行，要不沙發擠擠也過得去！」一個早已習慣獨居的朋友跟我說，說這話的其實是她爸媽，所以天才造句法的客氣開場直接略去，後來打地鋪的當然不是老爸老媽。一個禮拜過去，平日算是孝順的她鼓足勇氣跟老媽迂迴婉轉地問了一句：「媽，你和爸還想玩幾天哪？」

這就叫做「反正你一個人嘛」的天才造句法。感覺熟悉嗎？

不過說真的，這類天才造句並不傷感情，頂多只教單身男女哭笑不得。因為開場白之後緊接的幾乎百分之九十九都出自親朋好友的關心好意。無法拒絕，為難之餘倒也感覺一陣暖意；真的婉拒，會因此生氣記恨的也不算至親好友了。在眾多天才造句當中，單身朋友公認最傷腦筋，接受了可能自己一肚子氣，拒絕了卻可能得罪不起的，其實該是這一句——「反正你一個人嘛，應該也沒什麼事，這裡還有一些東西沒處理完，今晚就留下來加班吧！」

加班和加薪只差一個字，對上班族的感受卻有如天和地。尤其當非自願加班之外，再來個非全面性加班，非全面性加班當中甚至獨獨只有你一人的時候，加班兩個字確實不再是簡單的工作態度，而涉及單身權利了。因為一個人，所以沒什麼事；因為沒什麼事，應該可以留下來加班；這到底是個什麼樣的邏輯？

「是，我回家是不需要燒飯做菜張羅一家子，是不需要陪小朋友洗澡、睡覺、做功課，但我就活該永遠是那個可以加班的人嗎？」A的抗議有點激動，因為他覺得不公平，彷彿有家有眷的人享有某種豁免權、某種護身符，他只因為自由的單身，卻換來不自由的頻頻加班要求。做為曾是主管的我，很想安慰A說：「所以囉，你看，其實不少主管是很人性化的，他們會依每個人的生活負擔來做工作分配呢，而且多加點班，你也多學一些啊！」只不過也是單身的我有點說不出口，因為這種分類的邏輯和刻板的想法確實讓單身族群很無奈、很不痛快。

A強調公平性，B的吶喊則凸顯單身生活的價值和本質。「每次加班前，我的主管都像是很客氣地會問上一句，待會兒『沒事』吧？我實在不明白在她的定義裡什麼叫做『有事』？下班後想好好犒賞自己一頓大餐算不算有事？回家後想捲起袖子整理活像戰後廢墟的家裡算不算有事？想閒情逸致地澆花、剪草、餵貓、逗狗呢？想靜下心聽音樂、看書、泡個澡呢？一定要和其他人發生連結才叫有事？一個人過自己的生活就叫沒事？」B告訴我，他有個心願，有一天可以勇敢地跟他主管說：「對不起，我今晚有事，我想在家發呆整晚，『做一件什麼都不做的事！』」

每一句天才造句法，多少都隱藏了些單身者的敏感地帶，以及旁人對單身生活的不夠敏感。許多選擇單身的人其實真正喜歡上的是單身生活，人生可以不要一直都有事，偶爾閒來沒事做點自己喜歡的事。有時節奏難免單調、行事曆出現空檔，但就像交響樂聽久了，偶爾換個大小提琴獨奏，色彩恣意潑灑流竄的畫作適當來點留白。

看來沒事晃蕩的，不見得真的手邊沒事；不停忙碌找事的，或許反而心裡有事。

保持熱情，你將與年輕的自己相遇

那一天，幫身邊幾個天秤好友過生日。小艾突然說起她明年將有一段遊學計畫，日本東京，語言學校，三個月。歲末將至，再等個大過年，然後春暖花開，就要出發了。

哇，真棒，終於可以暫別現況喘口氣了！遊學？遊玩就好，不用給自己這麼大壓力吧？

不止於閒聊也出自關心。因為在場的我們都知道，這趟安排對於小艾來說，可謂一次人生的重新出發。

小艾是家中長女，能幹又責任心重。為照顧年邁爸媽，離開職場已經好幾年，全職家管加上沒小孩，也就「順便」拉拔妹妹小孩長大。

沒有太多風景但也算平穩的生活，過去半年出現急遽變化。爸爸幾度進出加護病房，病情惡化已非小艾一人能承擔，偏偏已成她情感依託的外甥，此時又被送出國念書，肩頭壓力益重、心頭卻被掏空，朋友都怕日漸消瘦的她一下子垮掉。

或許是到了某種臨界點，心念一轉，反而容易放下。徵得媽媽諒解，大弟幫忙，替老爸請了全天看護，再向老公告假，為家人無悔付出這麼多年之後，「我決定要為自己做一件事情。」小艾說。只是，要做什麼？她在興奮又害怕的複雜情緒裡琢磨好久，想起陪伴病榻之餘讓她偶爾抽身，感覺有學習有input，像一根和社會維持最低限度連結的細絲，拯救她免於溺斃的——日文課。

「就做一件年輕時想做卻遺憾沒做的事吧！」

留學，是她想到和過去還有夢的自己，再續前緣的一道橋。綜合考量時間、金錢和學位對此刻人生必要性，小艾最終做出去日本遊學的折衷決定。對時下年輕人或許稀鬆平常的這件事，是小艾 Reset 人生的一顆關鍵按鈕。

像小艾這樣，努力盡完某些人生義務後，試著開始重新爭取或享受屬於自己人生權利，是一股正吹起的熟齡新風潮。

朋友說起她小學同學阿玲的故事，更具戲劇性。養女出身、高職畢業、早早嫁人的她，和老公在中部家鄉胼手胝足開個小工廠，辛苦供養三個小孩學才藝、上大學、購房產，把自己未曾擁有的統統補償在子女身上。夫妻倆有過的旅程，最遠只到嘉義，從來沒有去過花東，更甭說出國玩。最近因為先生身體微恙，把工廠頂了出去，阿玲才第一次有機會真正看著自己，想起生活中可以屬於自己的快樂和熱情。

現在阿玲在一家五金行當排班店員，不是為了賺錢，是想做一份不是幫老公，只是為自己的「獨立」工作。知道自己學歷不好，想要再學習，不顧店的時候，除了島內小旅行，更多時間安排上課考照，像是保母證照、仲介證照，最近感覺長照是個大議題，阿玲又揪朋友一起去上長照課想考長照員。她喜歡這種「獨立」規畫生活支配時間的感覺，說這是「為自己寫新的人生日記」。

勇敢對著谷歌大神大聲說出遊學、繪畫、舞蹈各種曾經有過的夢想，你會發現眼前呈現的世界超乎想像。帶著興趣熱情繼續前行，可能會遇見更好的自己，也有可能人生像個圓，你會遇見年輕時的自己。

列一張小而美的願望清單

從多年前傑克·尼柯遜和摩根·費里曼主演的《一路玩到掛》，到最近一部好看的德國電影《無聊的人生，我死也不要》，既瘋狂又真摯的笑中帶淚劇情，都圍繞在那張「人生願望清單」上。

寫下一張此生不留憾的願望清單，是個挺酷的想法。拜電影之賜，這些年國內外媒體和社群上處處可見「屬於自己的遺願清單」相關討論和活動，手機商店裡甚至出現好幾款APP宣稱可以協助你管理並完成人生願望。

人生要怎樣可以不留遺憾？願望愈是高遠宏大，生命便更有意義嗎？我想像人生的精采濃縮在這張小小Ａ４紙上，每當完成一項畫一槓，清單上滿滿都是橫槓，就代表不枉此生，不虛此行，哇，好神奇且勵志的滿足感。但事實顯然並非如此，如果相信電影引發的共鳴回響勾動的是人們內心深處的真實感受和想望，那麼可以確定人生願望清單最酷的地方，絕對不在願望的大且多，相反的，不論好萊塢電影裡兩位罹癌怪咖歐吉桑，或狂掃德國五億票房改編自十六歲心臟病少年的真實故事，面對生命如沙漏將盡般的倒數計時，心所掛念的，都是難以想像的簡單微小事物，甚至經常是健康日常的我們輕忽遺忘的。

幫陌生人一個忙、親吻天底下最漂亮的女人，好久沒有笑到流眼淚，是《一路玩到掛》的遺願清單裡關於自己、親密關係和非利害他人最經典的三層關係；來自稚嫩少年擔心來不及感受人生而積極示愛的清單內容，送心儀女生玫瑰花、讓照顧自己的媽媽開心地笑……，提醒生活中的美好就在身邊，需要珍惜和勇敢爭取，至於想要擁有一件帥皮衣、開跑車上夜店、進錄音室錄支單曲，這些似乎尋常沒啥大不了的「願望」，在我看來講述的是一件再重要不過卻被認為理所當然的事，那就是好好活著。

不論我們說的是如同《微物之神》小說世界裡，在這個時代多重壓力下，把握渺小細微的事物，即是一種幸福，或是積小勝為大勝、行遠必自邇的概念，當我想寫下此生十大願望，卻發現隔了大半小時，紙上還是一片空白，我想，人生遺願清單最大意義應該更重思索過程，至於想在清單上打勾畫槓的成就感，何不從日常的 To do List 做起。誰說擁抱爸媽、親吻家人、說對不起、上健身房、開心地笑這些事，不能寫進代辦事項？我密密麻麻的行事曆裡就經常有這種東西！

盤點人生，讓未來豐富過去

沒想到參加一場名為「精彩人生」的頒獎活動，會搞到幾乎在場所有人都忍不住拭淚，衛生紙傳來遞去、擤鼻涕聲此起彼落，有人哭花了盛裝前來的妝容。

要怪，只好怪第一名的聽障阿嬤和陪伴在側的可愛小孫女，獲獎後，從台下相擁而泣到上台泣不成聲的真情流露，實在太感人。祖孫倆無從虛矯的雜陳情緒，原汁原味反映出阿嬤繪本般圖文並茂的得獎自傳書裡，苦盡甘來、逆境知足的人生況味。

「最後悔沒做的事？」王阿嬤畫了張頭戴方帽、身穿學士服的自畫像，旁邊端正字跡認真寫著「如果能讀大學，該有多好」。「最難忘的事？」阿嬤哽咽講起自小失聰，常被老師誤會、同學嘲笑的往事，委屈模樣彷彿當年的小女孩。但最後阿嬤還是甜蜜滿足地笑了，不只因為陪著從頭哭到尾的孫女多麼乖巧，她「最要謝謝的是～」這輩子對她不離不棄、疼愛有加還當場獻花的老公。

大多數的我們，從沒讓自己有機會回答這樣的問題。更不用說對著親密的人及時表達歉意和感謝。

人生以線性前進。我們經常忙忙碌碌地一路闖盪，或被推著追著倉倉皇皇、傻呼呼往前移動。偶有回頭，若非浪漫卻蜻蜓點水的復古懷舊，恐怕便是內心飽受難以排解的往事糾纏夢魘啃蝕。鮮少坦率面對自己、盤點人生，更何來有系統有意義的回望和整理。

但若誠實叩問自己，黃大姐鬆了口氣似地說出「最想和解的對象」是已逝的媽媽；徐奶奶終於讓阿公知道「第一次初吻的感覺」其實沒很好，待改進；坐著輪椅的林爺爺最懷念和同學瘋狂趕場看電影的青春……。看似隨興的問題，讓「回答」成為一次又一次的生命回顧、沉澱與爬梳。就像手持歲月的篩子，把遺落在時光深處的美好重新再現，陳釀在記憶裡的過往淬礪昇華，匿藏在陰暗角落的情緒傷痕得以宣洩、修復、轉化和療癒。

「從前從前……」的故事開端，永遠有種說不出的魔力。當我們記得開口訴說，父母的年少青春會來到眼前，或許，還會找到自己遍尋不著的「未來未來……」。

接受古老的時鐘，珍惜每一段旅程

坦白說，女人不是經常會聊到這種事的。

倒不是私不私密的問題，好朋友間講些伴侶家人不知情的私房話並非新鮮事。但會聊到一顆顆卵子在身體下腹部誕生又死去……，這類既不心動又不心痛，反而實際到像在上人體構造生理衛生課時，大約都是女人生命中的重要時刻！

那天聊著聊著話題竟繞著卵子轉了起來，純屬意外。

當然，四個歲數加起來飆到近兩百的女人，談的不會是遠古青春期心慌臉紅的初經，也過了男女追逐高峰期讓人提心吊膽的懷孕避孕，兩個媽媽、兩個單身幸好沒有不孕的痛苦折磨……，但天曉得，我們的討論竟是穿越半個人生降落在女人青春尾端、另一個未知的前端——不再排卵的更～年～期。

卵子，還覺得跟她不太熟呢，就要說再見？我突然有種依依不捨的感覺！

都是ＫＫ。五十三年次的ＫＫ，工作緊張又忙碌，前些時候開始偶爾出現心悸暈眩現象，因為家族有高血壓病史，我們要她趕快去醫院檢查別掉以輕心。那天她正式向我們宣布醫生的診斷結果，心臟？沒事；高血壓？有點，別太常動怒就好；但嚇人的是，醫生問診得知還有經期紊亂的現象，因此初步判斷ＫＫ這些症狀可能都是「前更年期症候群」惹的禍。

「啊～前更年期症候群？」雖然我們都不至於因著四十一枝花的美名虛飾自甘昧於即將年老色衰的事實，但當事情降臨，脫口而出的驚呼卻真的不是理智所能控制。怎麼這麼快？滴答……滴答……歲月未免太無情！

「KK才只是『可能』，我已經確定進入更年期了！」長KK一歲的梅子毫無預警地點燃一枚貨真價實的祕密炸彈，災情顯然更嚴重，六隻眼睛瞬間都轉向她。我沒算小C那兩片老花眼鏡。

梅子的更年期症狀，就像這年紀另一些朋友的衰老訊號——老花眼，一夕之間倏然而至，但不同於老花的模糊，心悸、潮紅、發熱、易怒的感覺似乎異常清晰，而且說來就來，完全無法控制。

梅子形容那狀況沒比火燒屁股來得輕鬆多少。她說，就在前幾天主持重要會議時，突然間強烈的心跳、潮紅襲來，感覺渾身像是快速加溫的火爐立即發熱盜汗，原本還想忍一忍，但意志力在那一刻完全失去作用，她不得不中斷議程衝進洗手間慌亂解開所有衣裙……，「那幾乎是喘不過氣來，覺得自己好像快要死掉……。」

然後呢？六隻眼睛三張嘴彷彿聽故事聽得入迷地同時發問。「然後，說也奇怪一下過去又好了。其實有點像海浪，一陣一陣的……。再然後，我就回到會議室騙他們說我拉肚子啊！」

「喔！」我們像是聽懂了什麼，但說真的，沒親身經歷之前都應該不算真的懂。倒是心情，同樣抓著青春尾巴，多少都有一些流金歲月在指縫間緩緩落失的虛幻觸感，只是各有各的惆悵和心驚。

「你們知道嗎，我在想的是，我還單身……如果真的不再排卵……，」雖是前更年期的若干症狀而已，ＫＫ已經感覺她每個月報到的卵子們像是一排排搶灘上岸卻都壯志未酬的士兵，萬一還想有個什麼戰績勝果，時間可是滴答滴答倒數，「現在想單身就單身，想結婚就結婚，很隨緣，但現在不想，三五年後卻是不能了……。」我想ＫＫ指的是生小孩這件事，認識這麼久，好像還沒聽過她有這個念頭，更年期果真是個大撞擊。

單身、無子者想的是即將關廠停產的卵子們。孩子的媽呢？梅子的卵子算是功成身退了，她比較擔心逐漸減產的女性荷爾蒙。「聽過來人說，生理上再怎麼難受，也千萬不要告訴妳的男人，自己到了更年期，」被ＫＫ搞得有點哀傷的幾雙眼睛這下子又飄過疑惑。「因為少了荷爾蒙滋潤，女人皮膚會變差、老化更快、愈來愈沒女人味……。」可以補充適量雌激素或黃體素啊，我忍不住反駁，「萬一男人不這麼想呢……。」面對新的未知，梅子顯然有生理工作之外的焦慮！

這算是一種挫折嗎？還是提醒？我想著前更年期風險群的四十女人們。

最是人間留不住，朱顏辭鏡花辭樹。當現代女性靠醫療科技留住不少青春光景，靠努力打拚掙得更多自我成就時，更年期症狀卻像顆石頭丟進池塘；雖然激起情緒、工作、婚姻層層漣漪，卻也彷彿暗示有些事就像古老的時鐘，終究無法改變與掌控。或許可以變慢，慢點老、老得慢，重要的是在慢慢變老的過程中學習接受，接受變老並珍惜人生最後一個階段。

為我身邊的人，畫一張未來藏寶圖

是不是該給自己畫張藏寶圖？最近這個念頭偶爾在腦子裡閃過。倒不是竊知哪個海盜或高官有窩藏某處的神祕寶物，也不是真有什麼金銀珠寶塞在哪裡怕忘記，只是若能有空時慢慢閒畫一張小時候流行的那種捲起來的尋寶圖，牽引出點點滴滴值得和家人分享留念的寶貝與珍藏，物質的精神的都好，好像挺不錯的。

會這麼想，跟前些時候一人在家拖地不小心摔個四腳朝天、躺著半晌卻四望無人，沒太大的關係。開始動念，其實和兩個單身朋友有關。

一個朋友最近決定換掉相伴十幾年的噹公啊車。換車不算什麼了不起的事，尤其有點積蓄的，選擇此時優惠方案舊車換新還稱得上小精明。不過，我這朋友不一樣，在他洗車靠下雨、擦撞不鈑金、收費絕不停，能省則省的節儉信條下，要他換車，簡直像剝皮一樣的痛、交女友一樣的刁。

但那天湊巧又搭便車，車門才關上劈頭就來一句，「我要換車了，今天上午，剛剛訂的。」我驚訝的ㄟ～～了一聲，不過連句恭喜還來不及說，更甭提講點是不是交了女友之類的玩笑話，他已經自顧自的往下講。

「你知道我為什麼換車嗎？」我心裡忍不住OS，不就是車子老了破了煩了這麼回事，還能有別的理由嗎？「妳認識XX嗎？」好熟的名字，一時間想不起哪兒聽過！「就是ㄚㄚ公司那個同事啊！做業務的，有沒有？」喔，想起來了，有印象，他怎麼了？「他幾個月前結婚了！」喔，很好啊，跟誰啊，我隨口搭腔，但心想這到底跟買車有啥關係哪？他一字一句似乎生怕我聽不清楚地說著，「前兩天中風，變成植物人了！」

原來，這是他換車的理由？有些東西眼下一直拚著ㄍㄧㄥ著積著攢著想著謀著，只圖未來成就更好更大更多更久，但ＸＸ的例子讓他警覺人世無常，就是有些人好端端突然「碰」的一聲，人生打了橫出了岔，未來的想望沒了，就連過去的努力、現在的擁有也全都沒了……，所以他終究決定善待自己享受當下？

我替ＸＸ感到難過，但才想為朋友的頓悟覺得寬心，卻發現他話沒講完欲言又止。「妳知道我聽說他中風的那天晚上，我還做了什麼

嗎？」這下，我敏感的直覺告訴我，他往心裡深處鑽了。

「我拿起筆來，寫遺囑！」朋友果真從別人的故事鑽進自己的故事裡，而且還是不曾透露顯然脆弱的那部分。他述說著類似狀況萬一發生在單身的自己身上，那不只是人生無常，那可叫做孤單落幕留下謎團……。當天晚上，他寫下從沒想過要告訴家鄉爸媽的一些事，包括存摺印章、現金的藏放地點和具體數額……。

有些人，尤其平日不太說的，單身的空虛感，原來如此深沉且巨大。我想起另一個朋友。

那是一次姊妹淘的聚會上，她用講糗事的方式，聊到幾天前的夜裡突然拉肚子拉到幾近虛脫必須送急診的狀況。同桌另個朋友是那晚「美人救美」的英雌，住得近的她生動描述當時如何接到電話趕赴現場，發現朋友雖然臉色慘白、虛弱無力，卻穿戴整齊彷彿隨時可以出門一般……。我們笑著起鬨說，喔，邊跑廁所還能邊換衣服，粉厲害啦！沒想到頓了一下，朋友訕訕地笑說，因為一個人住久了，常會想像或有那麼一天某種意外需要別人破門而入，所以她早養成一人在家也衣衫端整的習慣。

原來這位外表堅強的朋友，對單身生活和未來很沒安全感。只要風吹草動丁點聲響都讓她疑神疑鬼難以入眠。她和鄰居特別的好，尤其對門夫妻，因為她擔心萬一有需要；她有一份早已寫好隨身攜帶隨時更新的清單，財產明細、各類密碼、就連手機鎖碼都沒漏掉，以備必要時心愛家人不至於茫然慌亂。

我是個隨性灑脫慣了的人，隨著年歲增長、朋友圈偶有盛年驟逝噩耗傳來，難免慨嘆但從未認真想過什麼，也不喜歡太為生老病死罣礙。不過，兩個朋友的故事讓我不禁有些感觸，就算不為自己也為家人，是不是該列個什麼清單……。不，輕鬆趣味點吧，畫張藏寶圖如何？反正我愛亂塗鴉！

2

自在，與終老相遇

關於「世代」，我們需要新的想像。新時代給了我們更多工具、更大空間，只等我們拿出勇氣，創造自己成為自己的藝術品。

【14.05%】

台灣老年人口占總人口 14%，
正式進入「高齡社會」，
預估 2025 年台灣將成為「超高齡社會」

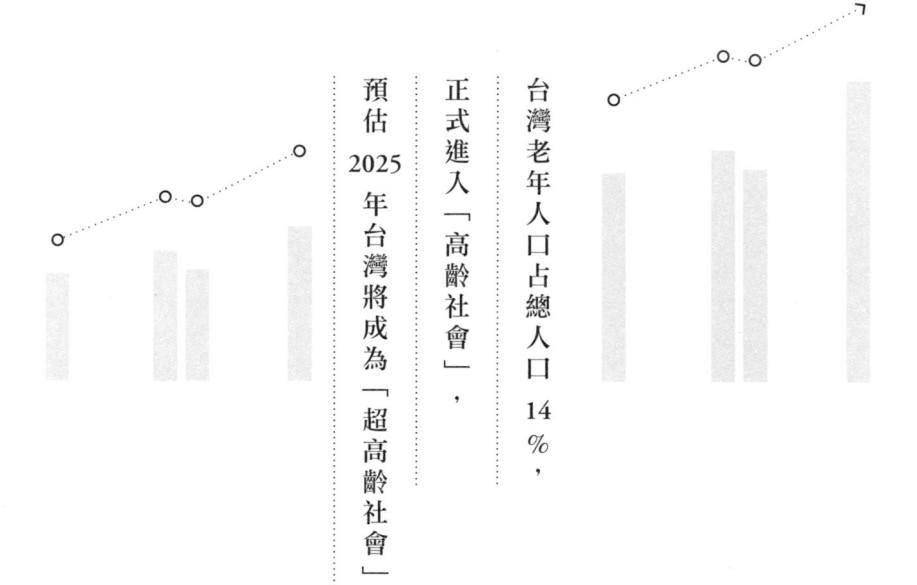

做一個「知老」、「懂老」的人

這陣子在媒體報導看到兩個驚人數字，顯示台灣往超高齡社會飛奔而去的速度可能又要加快。

一個是婦產科醫學會從上半年誕生的小 babies 數目推估出生率，憂心每年二十萬的低標今年將再次破底，跌至危及國安的紅線十八萬人。另一個是二月分的內政部資料顯示，當月出生人數低於死亡人數，呈現負成長，簡單說就是兩條曲線死亡交叉了，成人紙尿褲竟賣得比嬰兒尿布好，等著來人間報到的新生命，開始趕不上在人生終點線排隊告別的銀光隊伍了。

關於迎接超高齡社會該有的醫療照護政策、體系和產業建置，或是扭轉人口結構應當著重的育嬰、公托，乃至薪資就業和未來願景的擘畫，輿論多有討論，只是方向和執行仍有爭議和不足之處。但針對未來十年後，我們將在生活周遭真實感受到「長輩」變多，十人當中三到五位是六十五歲以上資深公民的情形將變得稀鬆平常，我們的社會卻明顯缺乏世代之間需要溝通互動的想像、討論和心理準備。

這麼說，因為人類軀殼老去的狀態，並非一個「知之為知之」的簡單世界。作為世代搭橋角色的五年級上下若不是近身照顧老去父母，看到退化衰敗在爸媽身上造成的實質變化，勉強可算逐漸理解老去是怎麼一回事，但也未必能有真實感受的萬分之一；更何況對於年輕世代來說，當數位科技帶動世界高速前進、生活娛樂益加崇尚青春輕薄，不論我們把老年換成「銀髮」、「熟齡」各種各式的替代形容詞，如果不能讓「知老」、「懂老」真正進入實質的互動感受，跨代之間原本就存在的距離、陌生感，甚或更嚴重的排斥鄙視，只怕會是埋藏在未來社會互斥衝突的兩個平行世界。

「照顧逝去的老兵爸爸的那段時間，是我這輩子得到最大的養分。」一位工作和熟齡商機有關的七年級女生這樣告訴我。另一個自辦一份有個可愛名字《七分熟》刊物的年輕聽眾，同樣因為父親年紀較大而擁有和同齡朋友迴異的體驗和成熟度。

看著她們青春自信的臉龐，我想，《高年級實習生》的電影情景應該不只是賣座的話題，而是她們真實的人生經驗和滋養。

就像那范保德，生命還有「百分之十的可能」

范保德，一部電影，一名六十歲男子，一間嘉義小小五金行老闆，一個擺盪糾結在兩代之間的父親集體形象。

飾演范保德的黃仲崑笑說，記憶中有國片敢拿六十歲人物當主角還演出個名堂來，大概就是導演李安加上戲精郎雄《推手》了。

導演兼編劇蕭雅全則直接向他之前兩部電影吸引到的年輕觀眾喊話，這次我們不吃飯改吃麵、不喝可樂改喝茶好嗎？

什麼樣的概念和觸動，在嗜青春、小清新、偶像風帶起微微復興的國片市場上，讓導演大膽建議觀眾換口味，果真也和台北電影節對了味，拿下最佳導演、最佳電影配樂和美術設計三項大獎。重點當然不在票房和市場。

急遽變遷的網路時代，解構重建的價值典範，大至政府小到家庭的父權象徵崩解；高齡社會已至，中產階級日趨下流，夾在上下世代之間，不論金錢、體力、情感的壓力倍增。大小環境蓄積的躁動在在瞄準居三明治位置、同時是兒子也是父親、卻最不擅長情感表達自我調整的家庭主要角色，已走到必須大幅改版升級、典範轉移同時被重新描述塑形的轉捩點上。蕭雅全正巧是個想說也能說這樣故事的人。

導演蕭雅全和過世不久的父親關係始終未曾修復，自己又有個漸漸長大的兒子，只是故事的背景。蕭雅全苦惱甚至一度尋不著出口的觀察是，世代相承過程，似乎生命的內涵和表現不論好壞會不斷重複，夾在中間，某些想奮力抹去的父親負面影響，偏偏重現在自己和兒子的互動應對中，像是某種不可抗拒的宿命，生命竟已被霸道地決定，「一種非常不舒服卻無法掙脫的感覺，直到這些年自己慢慢成熟，才發現生命九十％重複性之外，還有十％的可能……。」

衝著這十％機會的正面力量，於是，有了范保德。

年輕的范保德，在一個氤氳露溼的夜裡踏上父親舊日步伐離家出走，但突然止住腳步返轉回頭，做出不同於父親的人生抉擇，讓他的生命起了化學變化。年近花甲自知罹癌，范保德再次離家，這次赴日追尋父親足跡之旅，彷彿是在忠於自己卻背叛父親之後想修補殘缺的父子關係。有點崇拜又想超越、渴望親密實則疏離，范保德和上一代的父子糾葛，籠罩在威權陰影中格外顯得矛盾；和下一代的父子情呢，看似犧牲闖蕩天涯的精采可能，中斷一曲婚外舊情的浪漫可能，但范保德換來了一個敢於卸下盔甲流露情感的暖男兒子，和一段迥異上一代、朋友般相挺的父子情深。

要問值得嗎？或許選擇因人而異。拚那十％的機會重塑父子間、世代間乃至時代與時代遞嬗下新的可能性，范保德們正在努力。而且故事還想說給下一代聽，未完待續。

過去現在未來，全撞在一起的幽微混沌

在網路社群、手遊電玩滲進每個生活細胞的這個世界，線上線下、虛擬實境，手指頻繁游移的當下都像在瞬間穿梭異次元時空。我坐在淡水信義線的捷運車廂，看著熙來攘往神色各異且不忘滑手機的乘客，偶爾會胡思亂想，眼前的人們，究竟在哪個國度行走？什麼部落神遊？

真有夠忙的，現代人哪！思緒跳躍旅行，肉身也總在奔向某處。事實上，這些「某處」，有時也像一個個平行世界，當你進入其中，角色、情緒、思考會不由自主地置換改變，包括異樣的時空和歲月感。只是「它」沒有動漫電玩般奇幻絢麗，無須想像更不提供逃避效果，因為它就在你我生活當中。

離捷運站不遠的醫院，就像這麼一個「某處」。

迎面而來一位鬢髮斑白略顯老邁的長者跟你點頭致意，以為他是求診病患趕忙側身讓道，一瞟眼才注意到他攙扶的是佝僂孱弱更高齡的老者。相對於老者，他是年輕人，就像我經常發現自己是其中最年輕的一個，彷彿時光倒轉的妙齡少女。

就診間、拿藥處的你和我，許多都是「兒子」和「女兒」。不論名片印的是老闆、教授、CEO，家裡有一子一女外加三隻狗，或是我見過雙臂紋龍刺鳳蹲下身輕聲哄著媽媽的大哥似人物，那一刻的我們都只有一個身分。

但互動過程又沒那麼單純，女兒般撒嬌哄拐、大人式講理溝通，沒辦法下使出家長式的命令口吻；對應父母時而威儀依舊，時而小兒般任性執拗，幾番折騰角色跳躍混亂，有時竟覺得蒼老不已。

老去的狀態，也是每個人再不情願、努力抗拒延緩，終究要掉進的異次元世界。

那個世界有點模糊昏暗、視野狹窄，聲音不只飄遠還會扭曲變調，童年青春記憶說來就來，但不是說走就走，逝去的老友和死亡的氣味有時會突然造訪。朝夕光影風雨雲樹的外在世界緩緩淡出，過去、現在、未來撞在一起的幽微混沌正取而代之。

在這個老去的平行世界，即便曾經堅強撐起一個家，爸媽也有畏縮害怕的時候。更何況我們總是我行我素毫不體恤地衝來闖去。出國回來有時差，虛擬實境要切換。下次跨進這個平行異次元之前怎能忘記，也要切換情緒、調整時差。

瑪丹娜與大衛・鮑伊帶給我的勇氣

年齡這件事，愈來愈像變魔術。不同人生階段該像什麼樣、做什麼事，彈性跨度愈來愈寬。只要有想法有本事，我型、我款、我路，自己可以是自己的魔術師。

幾個月前，看到流行巨星瑪丹娜歡慶六十歲生日的電視畫面，活力充沛、豔光四射，ＩＧ上的照片搞怪叛逆如昔，格外有種魔幻寫實的強烈感受。

六十歲。是個什麼概念？

如果回頭看的是父母或記憶裡的阿公阿嬤爺爺奶奶，印象大概不脫頭髮斑白、皮膚鬆垮、體態走樣，從人生高峰開始下坡退休的花甲模樣。但再看看瑪丹娜，藝人造型的前衛大膽不說，活蹦亂跳大扭熱舞的身材、體力和旺盛迸發的生命意志力，簡直是人生正在綻放的花樣六十。

「啊，沒想到她的歲數可以當阿嬤了……。」那天在電視台梳妝室，一旁的髮型師也忍不住抬頭瞄電視發出驚歎。「妳確定認識她？」自從一次和朋友的女兒閒聊發現她沒聽過王祖賢之後，我和不到三十歲年輕世代講話常會加上這句以確保兩人在同一個頻率上。

「齁，當然認識，娜姐啊，很厲害的！」

儘管這個世界和社會益加分眾化、部落化，顯然還是有些什麼可以穿透圍籬、穿越世代。

日前觀看有「搖滾變色龍」之稱的大衛．鮑伊逝世周年紀念紀錄片《David Bowie: The Last Five Years》，感動之餘也曾有類似感受。影片訪問許多和鮑伊合作過的不同世代音樂人，娓娓訴說這位早已享譽盛名的英國巨星抱著罹癌身軀仍熱情專注在最後一張音樂專輯《Blackstar》，從音樂到封面到整體風格，如何不斷挑戰自我、追求突破並顛覆想像……。六十九歲的鮑伊在這張之後獲獎無數的專輯問市兩天後告別世界，為自己畫下精采句點。

「這是個經歷過人生，猶不斷再進化的人」，手邊的筆記本裡我隨手寫下這句話。事實上，瑪丹娜和鮑伊兩位早已先後入列搖滾名人堂的偶像巨星（包括更早殞落的麥可．傑克森也類似），雖都迭因言行舉止、道德問題引爆爭議，瑪丹娜甚至數度遭宗教和道德團體激烈抵制要求禁播，但他們持續精進、不斷突破的表現，更對全球音樂帶來莫大影響、留下印記。

「她會隨著時代，改變自己的外表、自己的音樂，不斷與時俱進。」一位樂評人如此描述六十歲的瑪丹娜。「我想像瑪丹娜一樣，勇敢說出自己想要什麼。」網路上無數掛著十字架項鍊、半截指套、龐克造型的年輕女孩對著鏡頭說著類似夢想，視娜姐為價值解放的無畏象徵。

從來不聽話的叛逆瑪丹娜，到了六十歲依舊不打算聽話。不斷進化的鮑伊近七十歲持續變幻光芒。新時代給了我們更多工具、更大空間，只等我們拿出勇氣創造自己成為自己的藝術品。

初老第一課，就是迎接「失去」

「很難想像在兩千多公里外一個黯黑小空間裡，可以這樣清楚地聽見自己的心跳。以後如果還有人想到我，可以來這裡……聽見我。」

這樣一想，隻身日本旅行的小馬在摯愛老爸過世後沒流乾的眼淚哇地一下完全爆發，嚎啕程度連自己都被嚇到。如果心跳代表活生生的存在，她應該終於替未來的自己找到且備妥了一項證據。

老去，其實是連串失去的過程。失去清楚視力、失去Q彈皮膚、失去好體力好記性、失去活力的卵子精子、失去雙親摯愛……，直到最終失去呼吸的義務和權力。

之前小馬沒做好失去的準備。她是那種分明老花的是自己，卻要叨怪餐廳燈光太暗讓她看不清菜單，不服輸的人。也因此當父親從診斷罹癌到撒手人間短短幾個月，單身又是掌上獨生女的小馬完全無法接受猝不及防的生命撞擊。「從那一刻起，我一直有種不停往下墜落的感覺，心很慌像踩不到地。」不只是失去讓她心裡破個大洞，連帶還夾雜對自己未來的惶恐，「如果有一天，我像爸爸一樣咻地就消失在地球上，他還有我，但有誰還記得我？」

阿秋的爸爸不像小馬父親走得突然，八十七歲的他退休後被各種慢性病像枝藤般纏困，過去一年多因肺炎感染更不知進進出出醫院多少回，苦了他，也折騰身為長女的阿秋。前兩天阿秋爸爸又進去了，醫院先是發出病危通知，隨後搶救成功。但阿秋說爸爸醒來後的第一句話是對著媽媽和她說：「對不起，又沒死成。」阿秋淡淡說這話的臉上，有太多旁人讀不了的複雜情緒。

在人生裡，絕大多數時間，我們追求嚮往的是「獲得」，不擅長甚至拒絕面對的是「失去」。尤其該斷捨離的不只是物件或名利，而是自以為青春不敗的皮囊軀體，是和自己愛恨糾結的不同生命，如何面對這些或長或短、或突如其來、或痛苦煎熬的失去過程，是一腳跨進初老門檻後最深最難的心裡習題。

聽完小馬的藝術療癒之旅，緩了緩情緒，我們拿起 Menu 準備點餐。我看見小馬優雅地從她的布包包裡掏出的竟是一副漂亮老花眼鏡。「呵，終於配了。」我說。「是啊，終得認了。」她說。

這是我和小馬在那天下午，關於「失去」的咖啡廳對話。

世代這回事，需要更自由地想像

「啊，爺爺看起來好可愛！」只要老爸一穿上今夏世足賽期間我陪兩老逛街買的海軍橫條紋運動風T恤出門，沒有一次例外，總會贏得年輕美眉們嘴甜心善地大大稱讚。

老爸開心笑得瞇彎了眼，樂得常常穿，完全忘記當時我們如何好說歹說，甚至搬出小燕姐的辣媽、九十幾歲的婆婆大跳國標，標致身材、火辣禮服、曼妙舞姿完全顛覆高齡形象云云，才說服買下那些他口中八十九歲老人家穿起來「不像樣」的休閒潮T。

像樣。什麼人該有什麼樣？這種聽來很不具體的說法，總是很具體地困擾著人們。雖說人生而自由，但事實上「輕規範、少束縛」的幸運，對於破壞式創新的年輕世代是熟悉的主旋律，在「熟齡以上、超高齡未滿」的世代身上，卻受限社會潛規則對年齡、性別、角色等的長期制約，成為必須重新摸索和練習的新遊戲和小自由。

住家附近最近開張一家健身中心，快速成長的熟齡會員是招募主力，做重訓、練核心肌群蔚為新流行。前幾天個人教練帶點激將似地告訴我，有位六十幾歲染著一綹亞麻綠劉海的退休女老師天天報到，努力想練腹部六塊肌；另一位練舉重時經常發出李小龍般嘯聲的光頭大叔，據說肱二頭肌上臂圍足足有十六．五公分，如果他願意，要擁有性感傲人的人魚線應該也是指日可待的非夢事。

中廣男人的人魚線、中年大嬸的六塊肌，其實只是顛覆世代想像的開始。

一位正在規畫退休的女性朋友，show 著她自網路搜尋截圖下來的課程資料，和我討論應該先去學寫程式還是上個網路行銷大數據的課。沒錯，過去想像中的退休生活是快意人生的吃喝玩樂，恬淡閒適的晴耕雨讀，有意義一點的就是回饋奉獻做義工。然而，當展開眼前的退休後人生路足足還有二三十年之長，天天玩樂、種花、當義工，不論就荷包深淺、快樂多寡和自我價值來說，恐怕皆非長久之計。

我想起前幾天廣播節目訪問一位巡迴講故事的西瓜爺爺。年近七十的他原本過著含飴弄孫（無償托育）宅在家的退休生活，因一次中風瀕死的經驗，決心重新設計下半生。「我想過一種更積極更獨立，不依賴兒女也可以養活自己、幫助別人的人生。」銀髮爺爺這麼說。

曾經，熟齡世代的人生像有人用隱形粉筆在地上畫好線條圓圈，

狀似自由卻框限住每個階段的可能。路，其實還能走更遠更寬，就看
怎樣讓想像力更自由。

一個半童年，一個半老年

要不是老爸七十幾歲時，還奮勇爬上圍牆修剪楊桃樹，結果一不小心跌下牆摔斷腳後才勉強服老；我真沒想過，所謂「每個人心裡住著一個小孩」，這種不想長大的浪漫率真、自許青春的當年勇心態，竟是延續到七八十依舊，甚至可能成為意外風險的引信。

要不是眼見快走如飛、腿力驚人的老媽，經歷一次膽囊炎手術之後體力迅速流失如大江東去，人人稱羨的挺直體態和年輕活力一夕變樣；我鐵定沒法領會所謂高齡長者禁不起開刀、禁不起摔，是怎麼講三遍都不嫌多的照護關鍵。

這一代中壯輩的我們，幾乎人人都有陪伴照料年邁雙親說不完的心得故事，或滿腹牢騷辛酸。

壓力很大，是毋庸贅述的。

同時擁有自己更長的人生，以及更多和高齡父母相處的時間，從醫療科技發展改變人類文明的歷史角度來看，我們的確是時代中的第一批實驗者。沒有前例可援、沒有做法可考，站在轉捩點的開端，可以參照的，至多是同時代地球村上的他山之石，再來就只剩同輩的彼此。

不過，台灣關於高齡、超高齡海嘯來襲，在國家財務負擔、經濟產能遞減、人口結構失衡、醫療照護不足，乃至下一代將無力承擔等各種角度，儘管都有多方大量的探討，善意提醒之餘，過度強調問題和危機的討論方式，對於社會氛圍和對應心態未必是件好事。尤其不時出現聞高齡色變或世代對立的嫌惡歧視傾向，長輩成為《楢山節考》電影情節似的社會與家庭包袱，反倒讓問題和狀況變得更棘手。

俗話說，該來的逃不掉。與其視之為壓力，老是負面、問題面切入，不如也從一體兩面的向光角度想想。人間事，幸與不幸，經常亦不過一念間。

近些年，隨著歲月刀斧在父母親身上日漸無情地刻畫，我經常陪同就醫回診往返於途。某日，接連奔走三、四個門診後，領著爸媽在中午醫院美食廣場的洶湧人群裡好不容易殺出血路尋得入座，詩人余光中的文章片段，就這麼轉念浮上疲憊不堪的腦際。

他是這麼說的，「人的一生有一個半童年。一個童年在自己小時候，而半個童年在自己孩子的小時候。」余光中的文字像魔法，淡淡幾句，讓孕育下一代的苦甜參半瞬間因為重溫舊夢，染上暖暖蜜糖般的幸福色彩。而當下，順著這個邏輯，我想著，那麼人的一生也該有「一個半的老年」囉，一個老年，在自己可見的未來，「半個老年，則在父母老去的時候……。」也就是，此時此刻陪伴爸媽的我，透過經歷的點點滴滴，其實正在「預習」著自己變老的過程和身心老去時可能的狀態。

想到這裡，我心頭陡然一鬆，緩緩吐了口氣，淡淡地笑了起來。

這樣的想像畫面雖然沒有一個半的童年來得繽紛歡樂，甚至乍想之下，一個半的老年彷彿充滿死亡衰敗氣息的垂暮提前籠罩，給人想逃的灰濛壓迫；但靜心再想，當照料父母這件事不只是「子欲養而親猶在」的孝親報恩大道理，原來也能幫助邁向初老的自己，藉由陪伴預見未來、預作調適，而且還是由摯愛雙親引領的一段「老去的練習曲」。除了「幸運」，還能是什麼呢！

有了這樣的轉念，原本就珍惜陪伴爸媽就醫時的相處，因為多了對老年疾病、高齡生活的觀察和學習，過程中難免的擔憂、疲累、奔波，就更不覺得辛苦。

親緣一生，也就是呱呱墜地、哺育成長、離巢高飛到情牽回饋。縱有遠近親疏愛恨情憎，「當初老遇上老去」，顯然是我們這一代和父母上一代之間得要好好修的新功課。

再會了，我心中深處的彼得潘

要不是那一年，老爸一個重心不穩從矮牆上摔了下來，掛在樹梢散發成熟甜香味的楊桃沒摘成，卻害得他跌斷腳踝緊急送醫、嚇得兄妹仨趕忙南下探望，我真沒想過一個七十歲老先生的心裡頭，竟還住著一個自以為身強力壯可以爬牆攀樹的年輕小伙子。

事後我曾不只一次問過老爸當時狀況。因為都說老人家經不起摔，那次意外之後，和老媽雲遊四海的天涯行腳被迫戛然停止，爸的老化狀況也當真一路下滑，生理影響心理，癒後難捱的復健期，更讓向來怡然瀟灑的老爸一度輕度憂鬱。「都七十歲，不是年輕人了，到底怎麼想的還去爬牆呢？」忍不住質問的口吻其實多麼希望那一刻可以重來；「唉，哪裡想那麼多？以前不都這樣爬上去摘摘果子、順便修剪枝椏，也從沒摔下來過……。」即便十多年後，老爸的話裡、臉上依然懊惱不已。

心理學有個「彼得潘症候群」，描述社會裡一群不曾或拒絕長大的男人（或女人）。經歷老爸爬牆事件，我發現在人生向晚路上不曾或拒絕老去的心理狀態，是另一種更常出現的症候群。只不過帶來的是逞強不服老心態下的危險行徑和隱藏風險，或是老頑童式的童心未泯、活力晚年，一時難有定論。

朋友老媽去年剛過九十大壽，盛大舉行的派對上，只見她身穿露背禮服、腳踩狐步華美登場，嘴角漾著的青春微笑依稀瞅見當年上海大小姐的俏模樣。毛叔叔是老爸好友中的科技達人，所有伯伯嬸嬸手機裡的ＦＢ、LINE 各種軟體都由他一手搞定，八十四歲高齡還穿著亮橘色運動外套，騎著小ㄅㄨㄅㄨ車四處慢悠悠兜風。

人生當然有機運問題。但在可控範圍之內，期待人生向晚能像一輪橙紅夕陽般活力且閃亮，單憑拒絕老去的年輕心情顯然不足，或許還平添災禍，維持健康老本、強化風險意識更是重要前提。

我想像一個人身上同時存在四條不同時間線——實際年齡、智慧年齡、生理年齡和心理年齡。歲月漸長、智慧益增，但身心同步維持年輕活躍，當是最佳組合。

在千纏百繞的生命樹上，品嘗人生

長大後過年，感覺年味淡了、樂趣少了，其實很正常。因為我們不再是小孩。讓小孩子會眼睛發亮的，是那個「新」字。過新年、穿新衣、戴新帽、數新鈔，多麼令人興奮；過完年，新學期、新同學、新老師、新課本，多麼教人期待。

當一切都不再新鮮，會讓長大了的我們戀著的，反倒是那個「舊」字。過舊曆年該有的傳統春聯、鞭炮、舞龍舞獅，咱們惦記得很；除夕夜的闔家團圓和豐盛澎湃的年夜飯，再怎麼忙也都馬虎不得。

但今年的過年卻讓我感覺不太正常，不僅一家七口的團圓味濃、樂趣多，難得的新鮮感和年味好像也都回來了。這一切讓我有點驚訝，因為每逢年節就像開枝散葉的大樹重新聚攏回歸，而今年只不過冒出了一枝嫩芽，竟能讓整個家裡頭顯得簇簇新的生氣盎然，傑克，這實在太神奇了。

一切的改變，就不過多了個渾身裹著濃濃奶香四處咕咚咕咚爬來咬去的小東西。他是妹妹剛滿周歲的小寶貝，千變萬化的名字，從謙謙、鏘鏘到將將，從臭寶、屁寶演變成小MAN寶，記錄了微妙的成長和父母的情感變化。因為他討喜的模樣活像一隻可愛的吉祥年獸，這個年咱們家最奇特的畫面於是形成：七個大人宛如七顆衛星環繞地球一樣，幾乎無時無刻都兜著一個小人兒打轉；也像是《白雪公主與七個小矮人》故事書的經典封面出現山寨版，只不過換上七個巨人牽起手拉成圈簇擁著一個白馬小王子……。

這化學變化真是玄妙。爸媽像是瞬間年輕了一二十歲。做阿公的會發出據說在我們兒時練就的奇怪咕嚕聲來逗弄孫子，眼睛笑得瞇成兩道彎彎月；做外婆的快速養成一種隨時張開雙手的姿勢，老是跟前跟後就想把孫子從其他人懷裡抱回來；經常累到垮著一張臉的老哥原來對奶香毫無招架餘力，愛銜著小外甥的嘟嘟臉又吻又揉，每次忘情高舉過他一八五公分頭頂時，那奶香立刻化為吃奶力氣放聲大哭氣撼崑崙；極有帶孩子天分的大嫂活力四射，小東西發出各類讓人聽得霧煞煞的外星語，像是架架（舅舅）、把背（爸爸乀）、甚至SOORY SORRY舞的搓搓手，多數出自她熱情的帶動唱示範；我的表現據說也可圈可點，無厘頭的搞笑舞步至少獲得了「鞠躬盡瘁、仁至義盡」

的讚美。更不消說突然之間變得柔情似水、耐性無限的老妹，以及瀟灑半輩子如今不惜形象彩衣娛子的妹夫。人家吳三桂衝冠一怒為紅顏，咱們七個大人可真是裝瘋賣傻為童顏啊！

記得上次爸爸帶給我一本余光中的散文裡頭寫著，「人的一生有一個半童年。一個童年在自己小時候，而半個童年在自己孩子的小時候。」的確，小小生命的誕生讓人最驚最喜之處，便在能帶領成人穿越時光隧道，憶起童年往事，也回到兒時心境。這個年，我彷彿看到一個小小孩、五個大小孩和兩個老小孩的交疊身影，以及那不同世代的童年故事在笑聲中述說傳承著……。

我開始懷疑小孩子不只是一般形容的天使而已。當你凝視著他，那具有奇特光芒的稚嫩臉龐便漸次釋放某種神祕魔法，層層剝離你那後天的理性，直至最終僅剩最純淨原始無怨無悔的愛。

所以，應該不只這個年，白馬小王子和七巨人的現代版故事會繼續說下去吧！這個現代版故事裡，一棵家族生命樹分枝出去的三個家庭形態，一個頂客族、一個單身族、一個小三口，當然還有那原生的母樹，會因著對小王子的愛而更加緊密地連結，直到另一個天使般的公主吻了小王子……，或許還會更久……。

以前妳照顧我，現在我照顧妳

照片裡的那個女人，三十歲上下，笑容明媚、身材窈窕、氣質大方，蠻懂得穿衣打扮不落俗套。我想，如果在同齡階段認識她，依照好友圈中不少比例射手座來看，我們應該有機會結成朋友，甚至閨蜜也說不定。

可惜認識太晚。後來的她，成了三個孩子的媽，先生正職教書之外，晚上在報社兼差當編輯，經濟壓力下，學歷不錯的她一度出外工作，但終究為了孩子教養放棄成就自我，選擇做個全職媽媽。少了份正職薪水，五口之家飯來張口，外加三個小孩學雜費用等等，要嘛褲腰帶勒緊，不然就只得積極張羅；而忙於其實一點都不簡單的家管，她的時尚亮麗和新婚初始家裡簇新的沙發、壁紙一樣，逐漸褪色，失去原有光彩。

大概是在這段時期之後的十年左右，我才算和她開始「認識」。像是看她坐在圓圓的木頭面料餐桌旁，從牛皮紙薪水袋裡抽出薄薄一疊鈔票反覆數呀數，彷佛多數幾次錢就會變多；陪她坐在小小客廳地板上一起編狗鍊、摺紙版，賺點外快貼補家用；當她像個專注的工作女性般，坐在書桌前用一手漂亮整齊的字幫老公謄寫學生考卷成績時，我會乖乖閃開知道不能搗蛋；當她拿起衣架或藤條時，我一定毫不遲疑拔腿狂奔，因為她會認真追而且跑很快；不過，當她像個教官偷翻我書包，想檢查有沒有什麼雜書情書之類影響課業的東西，兩個性格強強相碰、頂嘴甩門賭氣冷戰也是毫不妥協的一場場青春戰役。

你大概猜到，她是我老媽。一個眾人眼中持家教子有方的能幹好女人，一個現在看著她年輕時的老照片會想要認識她、接近她的花樣女子，一個其實我之前從未用朋友角度，甚至看待一般人的眼光，去感受、瞭解的生命中重要存在。

「他們並非生來就是爸媽的。」某次我在台南家裡興致盎然地回味愛攝影的爸爸一本本家庭相簿，突然發現一本沒有小孩只有一對身形修長、氣質優雅的情侶，男的瀟灑、女的俏麗，在泛黃相紙上留下儷影雙雙和相互拍攝（那時不流行搞自拍）的珍貴紀念。看著他們令人不可置信的青春模樣，那是我第一次強烈感受「原來」爸媽和我們一樣，曾經頑皮搗蛋、長滿青春痘、會初戀失戀寫情書，活過年輕燦爛，也是會脆弱、有恐懼、貪嗔痴，雖不完美但活生生的人。

彷彿有種打通任督二脈之感，意識到這一點後，看待老媽的喜怒哀樂和行事作為，似乎都有了煥然一新甚至心意相通的不同領會。呵，她以前真是挺漂亮的，不少人追吧！

每天被小孩家事搞得邋裡邋遢黃臉婆似的，要我也一肚子火。因為這樣逆著時光回想老媽的青春，一些記憶中被忽略的溫柔時刻神奇地悄悄喚回。比方躺在她腿上掏耳朵的高級享受，她身上剛洗完澡的香香肥皂味彷彿依稀可聞；梳妝台鏡子裡一個年輕少婦的影像，她正吹熄火柴的火，然後用火柴棒上的殘餘碳粉畫著漂亮眉形……。

前幾天，老媽臨時加掛某門診，而我來不及挪開工作陪她，只聽她不開心地嘟囔著，妳偏心，妳爸的妳都會陪……。哪有啊，天地良心，我急急跟她解釋，心裡卻閃過一絲甜味笑意。妳照顧我，我照顧妳，隨著年齡和角色改變而不斷修正微調的關係，可以這樣自然舒適！

已逝芳華，爸爸的初戀情人

忘記那是國小幾年級的事了。我連媽媽也沒說。因為事情有點大條，至少那時候我一度這樣以為。

當下只覺得整個人呆掉，小小心臟噗通噗通跳，世界彷彿停止旋轉，不知道該做什麼反應。喔，好像閃過某個念頭，擔心自己突然變成流浪兒之類的。

那是一張細細放妥在書頁，看來熨熨貼貼顯然深藏多年的透薄白紙。也不知道怎麼的鬼使神差，在我老愛往裡頭鑽的爸爸滿屋書堆裡，那天下午偏偏讓我挑到它，一本已經忘記書名的散文集。我信手隨翻，先是看到夾在書裡的紙，定睛再瞧爸爸熟悉且性格的重重筆跡一筆一畫認真地落在上頭，大大的四個字，光那個女人名字，就占了二分之一。

誰是芳華？

看著紙頭上少少幾個字，小小腦袋瓜裡轉啊轉。

為什麼爸爸要把她的名字寫在紙上？還夾進喜歡的書頁？偷偷藏在這麼多這麼多的書海裡？

一定是情人。我這樣想。

怕媽媽知道，又念念不忘的情人？

就我當時有限的人生經驗所能發揮的寥寥想像，只有電視連續劇裡的芭樂情節可以呼應。

一定是。就是。

天哪～爸爸有個祕密情人！她的名字叫芳華！

記憶走到這裡，我可以理解當時那個小女孩，為什麼會有個以為家庭可能支離破碎，自己即將像個小可憐流落街頭的依稀景象，因為太入戲，哈哈。幸好驚嚇過後，那時的我應該沒多久終於「冷靜戰勝恐懼、理智打敗八卦」，回過神了（否則這件事鐵定到現在會是蘭家最大的笑話）。因為除了芳華二字，紙上其實還靜靜躺著一個細細微微的東西。

一根白髮。就那麼一根。

輕輕地被用透明細膠帶沾貼在薄薄紙上。

髮絲頭尾，隨著我的呼吸和動作帶起的氣流，飄啊飄。

頭髮不長不短，可能是爸爸的。因為和他的頭髮長度有點像。

可是，爸爸還沒有白頭髮啊！隱約記得那時是這樣想著。好，就算爸爸開始有白頭髮了，還是不明白，為什麼要和那個叫芳華的女人的名字一起黏在紙上？

我想像當時紮著兩條長辮子的我，像漫畫卡通裡的小偵探柯南一樣，用一副很認真（其實挺好笑）的態度仔細推敲。

一定和另外兩個字有關吧！

感謝老天，小偵探萱萱總算不再只是聚焦「芳華」了，老爸明明寫著四個字啊！我低頭認真查看那四個字，慢慢地，一直跳得很快的心臟緩了下來。我大大鬆了一口氣，也修正之前的推斷。芳華應該不是爸爸現在的情人，搞半天，我太緊張，誤會了，應該已經過去，她應該只是爸爸的初戀情人。

實在搞不清楚那時的我，是有點早熟的灑脫，真覺得過去的就讓它過去，算了；還是根本不敢跟媽媽說，害怕了；抑或純粹就是孩子性，沒那麼擔心了，也就轉頭玩耍去，徹底給忘了。總之，真是個好巧不巧的英明睿智決定啊！否則沒擔保小孩子亂亂說還真鬧出個家庭風波來。

芳華已逝。

後來，我對這句喟嘆青春易老、歲月滔滔的成語——「芳華已逝」，一直很有感。前陣子被美髮師發現我第一根白髮時，更吃吃笑著再次想起它。畢竟它可是我獨家認證，我那感性浪漫又風雅的老爸的「初戀情人」哪！

THUG THIZZLE
Can you hear

3

相聚，與親朋好友

愛情淡了變了是問題，更加黏膩也很傷腦筋。伴侶之間、好友之間，如何相伴不相羈，都需要一起再學習。

10 分鐘

台灣離婚率約每千人 2.29 對，

平均每 10 分鐘有一對夫妻說再見，

婚齡 10 年以上的熟齡占 4 成。

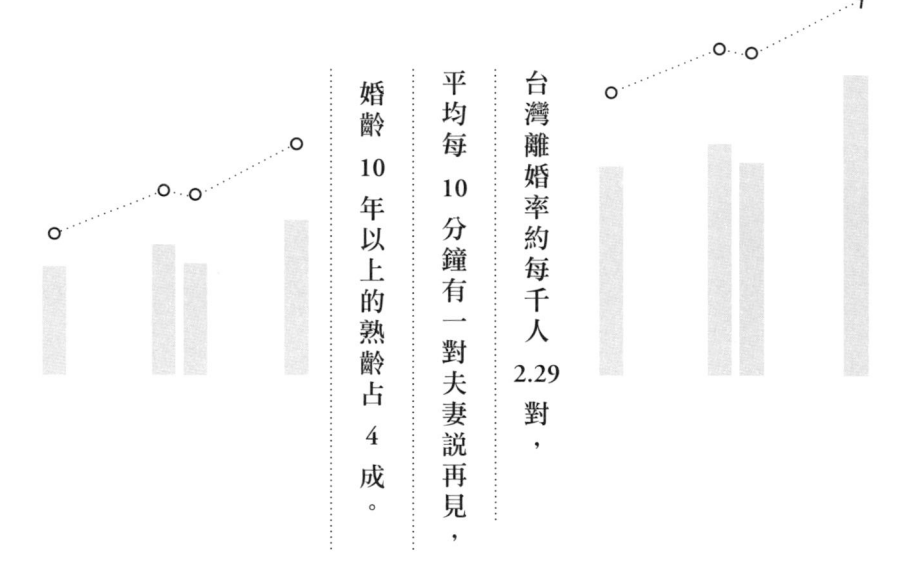

餘溫尚存，再談一場戀愛

「想要重新談一場戀愛真不容易……。」咖啡杯才端到嘴邊，聽到這話彷彿香味也凝住。看著去國多年的好友意味深長的神色，許久不見，我不敢亂答腔，試圖在腦袋飛快閃過的離婚、祕戀、出軌等字詞中辨識哪一個該是她的意涵。

看出我大氣不敢喘一聲的緊繃，「不是啦，我和 David 還在一起，我說的是 Linda 跨州念書之後我們的空巢期啦！」我鬆了口氣。

上次小珮回來已是兩年多前。趁著這次回鄉探望生病住院老爸的空檔，有太多屬於三明治世代「爸媽好嗎、子女如何」的別來近況需要更新，排著長長一串的話題還沒輪到她老公，差點誤會大了。

不過，還在一起，未必代表警報解除。人到中年，愛情經常也跟著老去。

所幸，這不是小珮和大衛的中年愛情故事。他們感情維繫得很好，真要形容有點像半老徐娘的風韻猶存。正因為這樣，當孩子離巢單飛，親愛的老公把所有關愛眼神一古腦兒傾注到小珮身上，她開始有一種空間限縮、空氣稀薄的窒息感。

「以前他會打電話、發訊息給女兒，關心這關心那，是個好爸爸。現在女兒不在，他換作老是盯著我；」也是一種愛的表現啊，我試著寬慰她。「愛是愛，但方法不對，我是大女孩了，一個獨立的女人，不是需要呵護的少女……，我不喜歡被監視的感覺！」

我發現，比起上一代父母輩的婚姻常因生活磨難而褪色蒼白、熱情耗盡，不少三明治世代汲取教訓的改良進階版，是細心經營、猶有愛情餘溫的中年人生。

只是，努力學習當了十幾、二十年的爸媽，如今小鳥飛了，親鳥對望，心無著落的空蕩感急於重拾兩人親密關係來填補，而習慣以孩子為家庭重心的家長角色，卻無法順利切換回平等自由的伴侶情感；甚且沒察覺生活已在彼此身上烙下痕跡改變，傻傻沿用年輕過往自以為浪漫的對應模式。結果反而形成用錯力氣、畫錯重點、牽扯羈絆的空巢期新問題。

「現在呢？」我問小珮。「說好了，當作重新談一場戀愛。一年多的時間，重新認識、重新相處。」講著笑著的小珮，果真像戀愛中的女人！

退休男人，有時候會變成黏人精

純粹就數字看人生狀態，多數人自出生到再見是個「0↓1↓2↓N↓2↓1↓0」的過程。從無到有到多再回到無，本屬自然，只是人往往忘記或拒絕這麼想。

「有」久了會害怕「無」，「多」久了會不習慣「少」。物如此，人也是。

尤其戀愛、成家、生子屬於直線闖關前進的人，其中更多是讓工作事業幾乎占去全部的男性，當人生走到這個波段，兩人再度四目對望，不僅已非昔日少年紅顏，亦回不去當年狀態……，下半場的故事，經常是這麼開始的。

四年級後段班的涓涓和許多同輩「職業婦女」一樣，是神力女超人，退休後八爪章魚的功力更是游刃有餘，寫書、演講、插花、學畫、遊山玩水，要約碰面比過去還難。但令人豔羨的活躍生活卻換來和老公的關係緊張。

「他怪我太常出門了，把時間排太滿，都沒留點時間陪他……。」才和老公出國玩回來，喝下午茶時涓涓說起出門前的口角。他老公也是剛退休的白領CEO，過去力挺能幹老婆，兩人各擁事業一片天，平等且有話聊，沒想到退休後時間多了，工作的朋友多數斷了線，沒特別興趣的他竟成了賴妻黏人精。「我說『你可以安排自己的活動，不一定都要一起。』他不要，早上還說要和我一起去學畫！」

我想起妮子。她和天字第一號也是唯一一號男友結婚至今恩愛如昔。前些時候聊到子女北上求學後重回兩人生活的新景況，妮子說工作彈性的老公開始為她煮咖啡做早餐，「有一天我忘記帶早餐出門，他騎車一路追，追到紅綠燈口終於趕上，曾是籃球校隊的他一個投籃把早餐丟進我的車窗裡。」「哇，太帥了！這個橋段可以拍電影！」不過，笑得甜的妮子要說的不是沒褪色的愛情，而是走過形影不離的半生，「我突然希望接下來的兩人生活可以和年輕時不一樣……，多一點自己的空間，有時一個人……。」

社會價值、角色設定和職場、生活不同訓練等多重因素，讓同住一個屋簷下許久許久的中年男女，在少了工作和兒女的人生下半場，像是突然發現彼此來自不同星球的物種重新相遇。愛情淡了變了是問題，更加黏膩也很傷腦筋。如何相伴不相羈顯然需要一起再學習。

當我們都「宅」一起「宅」一起……

最近這幾年，宅，這個字很夯。

顯然單身宅男的網路勢力不小，但鎮日浮沉網海的單身男子才稱宅男，離開電腦螢幕脫離單身狀態就要被踢除宅界，我覺得這樣的定義範圍似乎狹窄了點。難道朱學恆結婚後就不再上網苦耕、哈拉，卻天天出門閒晃？宅女小紅如果再談上一場轟轟烈烈的戀愛，就會脫離部落客作家行列，揮別宅生活嗎？

如果我們把宅的定義放寬一點，會發現周遭不論單身或已婚宅男宅女數量遠比想像中多上許多，只是不同程度的宅、不同方式的宅。其實，遠從網際網路電腦電玩的時代變革，近至金融風暴引發景氣消費的低盪緊縮，不知不覺中，我們的消費習慣、娛樂工作模式乃至於生活方式，都被層層滲透逐漸轉變中，宅男宅女宅配宅送宅經濟宅生活……，已是當前社會現象，不單只是時髦名詞。這無關道德價值回歸，也不管喜不喜歡，當宅在家裡的時間愈來愈多，許多家庭問題正以新的型態出現，宅男宅女正在摸索新的互動互處模式。

朋友A是個在家文字工作者，網路搜索與傳輸方便提供她一個可以兼顧照顧孩子、工作成就與簡單收入的折衷生活。但當她老公月前也決定辭去廣告公司工作在家接案時，資深宅女碰上新手宅男，激烈巷戰頓時暴發，從狂烈爭執到冷戰以對，兩人至今同處一屋簷不說一句話。

其實，他們剛開始「宅在一起」的生活還挺新鮮有趣的。兩人會約好一起工作的時間，彼此加油打氣，之後每天穿插些下午茶、看電影之類不同的餘興節目，戀愛新婚之初的甜蜜黏膩狀態彷彿倒轉。但漸漸的，老公留在電腦前打電玩、朋友上網看 facebook 寫部落格，這樣的餘興休息好像更輕鬆更簡單竟而成為常態，直到某天，一根拖把改變一切，連恬淡的宅生活都被搗毀。

「我實在受不了了！打從他回家工作，不管碗槽裡的鍋碗瓢盆、洗衣簍裡的汗髒衣褲，他沒有一次動手幫過忙，地板已經幾個星期沒拖都是灰塵汙漬，他也無所謂，那一天，我拿起拖把認命地拖地，他不但一點表示都沒有，拖到他的腳底下時，他竟然像個老爺一樣蹺起二郎腿讓我的拖把過去，卻繼續盯著他的電腦看，好像把我當做打掃的歐巴桑！」不用說，姊妹淘們聽到這全都義憤填膺怒髮衝冠，有個國中大的兒子的B更是感同身受地附和說，家裡有個小宅男已經夠受了，沒想到還要伺候老宅男，真是太過分！

另一位朋友C的老公彷彿一夕間變成周末宅男，事業有成的他，突然不愛在周休假日闔家出遊親子同歡，寧願在家休息、玩玩電腦、看看資料。為了充分享受靜謐獨處的空間，一家人還相當民主地開會劃分了各自地盤，客廳、書房、餐廳各踞一方，偶爾隔空對話，感覺倒也有種全家團聚卻獨自優遊的自在氣氛。但一段時日後的某天，短暫離開書房的他雖然小心翼翼把MSN對話框悄悄捲縮在電腦螢幕一隅，那跳動的紅心一閃一閃眨呀眨實在太過搶眼，終於吸引正好端盤水果過去的C忍不住好奇查看。第一次檢查老公電腦，她還有點罪惡感，但一看，不得了，原來「宅」的祕密不在電玩、不是網路、全藏在那方MSN裡，家庭風暴就此從電腦裡爆炸開來延燒數月不止。

當然，宅男宅女宅在家的方式不只是盯著那尊發著藍光的電腦看，也有老派一點的翻來翻去一份報紙半天看不完、轉來轉去跟著電視哭笑就是不跟身邊人講上幾句話。不過，沉浮於網路的新式宅男宅女畢竟披著一件迥然不同的新衣，一時間你會搞不清問題是出在絢麗刺激的網路本身，還是網路背後四通八達的變身誘惑，或者根本就是近在咫尺的你們之間。

林憶蓮有首好聽的歌叫做〈愛上一個不回家的人〉。但當有些人打開家門卻關上心門，進到家門卻立即上網打開另一道門、另一扇窗，彷彿在家卻像不在家，會不會這時你想吟唱的是「愛上一個不出門的人……」。

搭歪了的樓，現在還來得及修正

我把手機放在桌上。點開朋友傳來的新聞連結之前，先深深地吸一口氣。還是沒辦法，再怎麼做了最壞打算最好準備，當斗大標題映入眼簾，「中年夫妻燒炭……」，腦袋裡像有什麼東西轟地炸開一樣。

是記憶，記憶裡的她，總是咧嘴笑著，帶著純真甚至有點傻氣的笑。她喜歡勾著我的手，每次忙完新聞、剪完帶子，常這樣晃著我的手說：「最欣賞妳了。」

是疑問，何以至此！離開電視台不久，她便結了婚，之後斷斷續續聽聞的消息都很極端，大抵和老公有關。但究竟有什麼跨不過的坎，非得做出這般讓人心痛的絕決選擇？

都說人生是一連串的選擇，現在的我是自己連串選擇的造就。我忍不住想著 ChiChi 的人生。影響她人生終局的選擇是哪些？是一個關鍵點或是連串不可逆的事件？在結婚這個點上，賭錯邊走了岔的 ChiChi 若及時察覺，不能倒轉時光，但可以修正人生嗎？

小時候，我喜歡玩一種尋寶圖遊戲。那是在一張長條形的紙上畫著幾條繞來拐去有著愈來愈多分叉點的路徑圖，線的尾端依當時小小年紀能想到的好壞極致，寫上紐約、巴黎、月球、柑仔店……任何地名，或結婚生子、上大學、賺大錢……各種懵懂目標，然後把紙捲成圓筒狀露出線頭，小朋友各自選好線就可以開始玩，看看自己最後走到什麼結局。

啊~結婚生小孩！哇~出國留學！哈哈~繞半天只走到外婆家！猶記笑鬧玩樂中，不知天高地厚什麼叫人生的幾個小腦袋瓜，每回走到叉路都會裝模作樣地思考再三，發現事有不妙也會煞有介事修正路徑，彷彿已懂得未來現實裡的每個選擇，皆攸關甜蜜痛苦、天堂煉獄的迴然指向。然而長大後真正進入人生迷宮的我們，反倒有時像是受生存生活的磨耗，而失去察覺叉路險途的敏銳之心；有時似又受困心障理盲的蒙蔽制約，做出自以為正確或以為無從選擇的錯誤選擇。

我知道許多時候面對並非全然操之在我的人生，只能說聲 C'est la vie。但想著 ChiChi，我隱然相信如果可以及時感受自己、察覺路徑，勇敢呼救、修正搭歪了的樓，誰說不會有改變終局的蝴蝶效應！

打個電話，老公就出現了

不管是晚婚、離婚或不婚，愈是快節奏現代化的地方，單身靈魂真的是愈多了。

我說的不是統計數字，數字已知但冷硬，很難有具體感受；我說的是兩則分別來自美國和澳洲的有趣報導，故事不僅反映出現代孤男寡女數量已成規模，應運而生的單身經濟產業商機無限，還提供我們一次腦筋急轉彎的機會來想想：到底，老公或老婆是結婚來做啥的？

電視畫面中，美國賓州一家叫做「Hire A Husband」專門提供

「老公出租」服務的公司，當天派出體格壯碩但長相斯文的 Mike。Mike 非常禮貌地和女主人交談，他被要求在高高的牆上釘上釘子，再把一幅不算小的畫像掛上擺正。工作看似輕鬆，但女主人顯然非常感激且滿意，還邀請他逗留閒談一會兒，兩個陌生人狀似優閒地喝了杯咖啡。同時間，像 Mike 一樣的「出租老公」可能正在其他單身女子家中幫忙修馬桶、換燈泡，或在院子裡修剪草坪……。

澳洲的「Dial A Wife」電召服務，則是一通電話便可幫你把「老婆」送上門。喔喔，我想你誤會了，有時候想像力也不能天馬行空到毫無節制的地步，Jan 可是相當正派地經營這家派遣公司。Jan 每天派出好幾位靈巧心細的家事達人，到單身男子家中幫忙買菜煮飯、收襪子洗衣服，甚至接受委託進行居家布置擺設，插個花、擺幅畫讓髒亂邋遢的狗窩煥然一新，就像有個女主人溫馨持家一樣。

想知道商機有多大？給你一個台灣自稱「老公像個全能小超人、歡迎大家預約租用」的女人提供的價目表做參考，大到農地鋤草、庭院布置，小到清洗抽油煙機、換水管燈管、代辦文件申請，索費一小時兩百到八百元不等，如果要搬家請準備數千元起跳！

顯然，新流感疫情或許南北半球不同調，但單身男女的生活災情卻世界同步蔓延中。從乏人聞問到體貼照顧，這個族群正在被從頭到腳、由內到外細細地打量，所有單身的生活困擾也正在依商機大小被分割交易中。不過，更有意思的部分，也就是當我看到出租老公、老婆覺得興味盎然之所在，是這些頭腦靈光的生意人不僅試著解決單身族群的生活不便，甚至開始販賣部分單身男女渴望的浪漫曖昧想像——老公與老婆！

這些點子挺幽默的，很有噱頭，不過邏輯有點詭異！

每當我一次買足生活用品大袋小袋拎回家時，望著那好幾層樓的樓梯蜿蜒而上，的確會升起一種抵達終點時恐怕氣絕身亡的想像；最怕碰上一竅不通的電腦或電器產品出問題卻又急著使用，那真是叫天天不應、叫地地不靈，如果沒聽過淑女飆髒話，我想這時候多數女子絕對不會教人失望！但這樣的景象看在商人眼中，如果竟是心裡浮現OS：「這時候，妳最需要的是一隻強壯的手臂，一個虛擬的老公……。」哇，坦白說，我會又好氣又好笑，更想捶人！

實際生活中，的確這類小而細瑣的力有未逮，會讓單身或獨居男女沒事時自由瀟灑，連連碰上時深感挫折到要抓狂。「乾脆結婚算了！」有單身朋友抱怨這類瑣事時用這句話作結。「娶個老婆，至少有人洗衣、燒飯！」「嫁個老公，至少馬桶不通有人修、燈泡壞了有人換！」有些人是玩笑話，有些人似乎當真。

但仔細想想會發現，這男女任務分配的傳統模式好像早被打亂。誰說當老公的一定會修水電？做老婆就會燒飯煮菜？如果這是徵婚條件，我想單身人口可能會比現在再多一倍；反過來說，如果婚姻當中，老公真像個長住家裡的免費水電工，老婆就只是個同處屋簷下的義務女傭，我不知道會不會有人覺得後悔，早知乾脆去租一個還簡單些！至少還能換人保新鮮？

前些時候，台南縣政府失業職訓班開課出現另個有趣現象，最搶手的水電實務班學員幾乎都是女性，學廚藝的多半是男性。看來與其花錢租個虛擬的老公老婆，不如男兒女人當自強實際些。

甜蜜的生活日常，重溫一遍何妨

他感覺聽到隔壁房間有說話聲。隱隱約約像是老爸老媽再熟悉不過的日常對話，從他們以前住的臥室傳來。

他覺得很安心，甚至應該說很喜歡。當初搬過來就是想要再次感受爸媽的存在，找回這樣的溫暖，彌補他去國十八年來不及承歡膝下的遺憾。

看我瞪大眼睛瞧著他，懷疑自己是否錯讀其中訊息，Sam 似乎習慣了這樣的反應，輕輕笑著說：「妳沒想錯，我爸媽都不在了。但幾乎每一天，我聽得到他們的聲音，從客廳、廚房到走廊，就像記憶中舊時的生活模樣。」

Sam 是在二十三歲決定出國留學。在那個中美斷交後的飄搖年代，台灣的大學生一個個蒲公英般萬水千山而去，尤其 Sam 讀文科，總想若有留洋學歷托襯應該比較好找工作。結果一去何止碩博士，拿完漂亮文憑還獲得美國不錯大學聘任，結婚生子成家立業的人生大事都在異鄉完成，等到下定決心舉家遷回再見父母，已是中年和白頭。

再怎麼遲，幸好 Sam 四十一歲時回來了，因為兩年後他父親過世，再隔三年，媽媽也在天堂和爸爸重聚。就老一輩的平均歲數來看，他爸媽算早走的，儘管驚險趕上抓到千百天的久別重逢日子，從 Sam 的眼神和語氣還是聽得出懊惱遺憾。「太短！沒想到回來了，爭取到的相處時間竟然這麼短！」帶著如此心情，幾年後 Sam 做出另一個決定，賣掉歸國添置的新房子、買下兄弟的持分，搬進爸媽留下的老房子。

「我想要感受他們的存在。來不及的只好自己想辦法創造。」Sam 的期待和想像，彷彿妮可・基嫚主演的電影《神鬼第六感》，但同在一個空間裡的 The Others 不是別人，是自己渴望再見的雙親。

「我會坐在客廳那張爸爸愛坐的舊沙發上，從他的眼睛看著這個家，試著想像他當時的心情和模樣。」有一次，Sam 就坐在老爸慣常的寶座上接到兒子的越洋視訊連線，兩人來來回回討論念完研究所要不要回台灣工作，「聊著聊著……我突然意識到這就是當年我和老爸的父子對話翻版，只不過電話變成手機平板，聲音變成影像，而我來到電話這端變成了爸爸。」

前所未有的理解和親近，不只發生在 Sam 和逝去父親之間，也讓他重新認識老媽的另一面。

Sam 笑說，記得搬回來不久後某日，老婆從東門市場買菜回來，一進門東西來不及放下、大氣還沒喘完就衝著他說：「欸，你不知道，媽媽在東門可受歡迎了！」不過就是個家庭主婦去買菜，他一下子想不出怎麼可以買出個局面來。原來，Sam 媽常去光顧的幾個老攤，不知哪來消息風聞這對兒媳舉家遷回，也認出教授級的媳婦，一個個跳出來熱情打招呼，七嘴八舌說了不少老媽的趣事。比方 Sam 印象中節省成性的胖胖老媽其實對吃很講究，專挑市場裡最貴最好的攤下手，每次大手筆買完提不動，就加付點跑腿費請攤商送到家裡，因為是「大戶」，他們都很樂意，「一副女皇出巡的派頭，神氣得呢……，哈哈！」Sam 的笑聲中，夾帶著沒能陪在身邊但得知兩老懂得對自己好之後的些許寬慰。

想瞭解貼近或追憶一個人，循線走過他的生活日常是一種方法。推理偵探小說裡的探長也經常這樣推測案情，揣想凶手或受害者在某時空下的所思所行。不過，在 Sam 的心中，和逝去雙親共居一處只是補足缺憾的懷念開端，到了後來，當自己扮演的生命角色開始和父親愈來愈交疊，漸漸長大的兒子和從前的自己愈來愈相似，父與子的雙面性在自己身上相遇，人生的某種「重複性」成了 Sam 更深的微妙體悟。

重複、循環，代代相承，化繁為簡看人生，或許生命此行主要任務便是如此。但若宿命僅止於此，精采獨特者，就該是看透重複性，再多創造一點什麼吧！

同學會外，好好過自己的人生

那幾天，南台灣豪雨瘋狂傾瀉，道路淹沒、家園漫漶、災情四溢直逼歷史性水患，我到嘉義參加一場大學同學的告別式，教堂彌撒詩歌聲中，眾人亦淚眼成河。

人的情感，經常會受外在人事物的環境氛圍影響。尤其當一路上舉目莫不蒼茫、盡如浮沉汪洋，同學英年早逝連天地都同悲的感傷，幾乎就要霸占所有情緒感官。但奇妙的是，當滂沱暴雨隔絕在莊嚴祥和的教堂之外，當身邊圍坐著四面八方而來的大學同學，我翻著關於紀錄片導演同學的紀念小冊，讀著諸親好友伙伴對他追念懷想的點點滴滴，帶著淚痕的心情不禁隨之閃過些許笑意和暖意。

其實對於大學同學來說，光是當年還沒畢業就得到金穗獎的早慧才華，以及未曾改變的靦腆笑容、樸實性格和真摯友誼，已足以讓人惋惜不捨想送他最後一程。那日一早的高鐵車廂裡，從台北南下行經板橋、苗栗、台中，由高雄北上經過台南，每一站都有同學三兩結伴上車。沿途我們天南地北說著導演同學的種種和久違彼此的近況，抵達風大雨大的嘉義站和在地同學會合時，已是一行二十餘人的追思隊伍。

作為班上第一個調皮搗蛋被叫回天堂的孩子，某種形式看來，缺席的導演同學意外促成一次不在規畫中的感傷同學會。不過，更微妙且真實的心情是，當同學們相互作伴彼此打氣，看著儀式中的影像文字拼圖般多方重現導演同學雖不長但珍貴的人生，原本因失去而聚集的同學會，竟轉化成為某種深情回眸、重新認識、溫暖擁有的告別式。

追思儀式結束各自返鄉前，同學們就近聚餐聊天。席間不少人提及那許多不曾參與或未及更新，關於他透過影像工作和實際行動投身公益與公義的無私奉獻，如何讓大家驚訝感動。這時一位班上大哥突然有點搞笑地站起來要大家舉杯承諾，未來晚走的，就要像這樣幫早走的多講好話，逝者有面子、生者受鼓舞，不枉同學一場！

我想起《搶救雷恩大兵》電影裡的一段話，雷恩大兵對於付出生命冒死營救他的米勒上尉說：「我會盡力好好過著我的人生，希望這已經足夠，沒有辜負你們為我做的一切。」在有些人生跑道愈拉愈長，有些卻更早戛然而止的現代人生裡，學習看得透徹看得輕盈，好好活著，是對自己和至親最大的祝福。

心中自得自在，但可別讓「歐巴桑」上身

「原來，歐巴桑（歐吉桑）是這樣開始的！」

「哈哈哈……。」

那天如果有人一旁偷聽這三名熟齡女子嘰嘰喳喳的對話，應該會忍不住笑起來。因為我們正熱切分享著歲月這傢伙躡手躡腳走過生活，卻被我們逮個正著的呈堂證供。

引起這話題的，是珍妮佛腳上那雙白布鞋。珍妮佛雙腿修長，向來不吝穿上短裙、蹬上高跟鞋展露美麗優勢，那天的她意外以平底白

色潮鞋現身，整個人瞬間……「變得有點像哈比人」，「不過看起來更年輕！」我和小怡就像所有老朋友一樣，忍不住讚她、虧她、評頭論足了一番。

「小怡不也是？怎麼突然戴了副眼鏡！」珍妮佛成功把焦點轉移到小怡臉上那副黑色塑膠框眼鏡，「好像哈利波特呵！」我突然發現這個有趣聯想，三人回想起曾為現實生活若能擁有哈利波特的一項寶物，該是飛天掃帚、隱形斗篷還是魔杖而爭論的往事，笑得東倒西歪。

好不容易止住笑，珍妮佛清清嗓子回到才起了話頭的白色布鞋。原來，時髦年輕只是「好的副作用」，高跟鞋後遺症和初老退化併發了足底筋膜炎和坐骨神經磨損，醫生建議她改穿有保護力的氣墊平底鞋。「這是生理上，還有個心理因素，就是開始懶了。不太想打扮、不喜歡逛街，覺得已經五十，舒服自在就好……，妳們不會這樣嗎？」

三人看著彼此，白布鞋、黑框眼鏡和素顏的我，「當然會啊！」小怡和我只差沒有異口同聲。否則，小怡幹嘛不戴上隱形眼鏡秀出她的招牌靈動大眼睛，我又怎麼比過去更常素顏、墨鏡出門，尤其捨棄最愛卻過重的真皮大包包，開始輕盈文青布包上肩呢？

逐漸不在意外界目光和虛矯形象，愈來愈看重內心世界的自得自在豁達灑脫，是進入初老階段後特有的心靈感受，也可說是一種生命學習。只是，這內而外、外而內的交互影響，非得伴隨外觀習性變得邋遢不在乎，像個中年大媽大叔嗎？我們也忍不住這樣自問提問。

當然不。村上春樹說人是瞬間變老的，是指無意識浪擲生命的確可能瞬間驚覺白頭。但既然鬼祟的歲月像現行犯被我們逮個正著，三人就此約定相互提醒，絕不讓「歐巴桑」的不好副作用悄悄上身！

走過圍城，與老友娓娓道來這些年

在還流行畢業紀念冊的年代，「友誼長存」幾個字，堪稱姊妹淘、好哥們各奔前程互道珍重，或者同學們抓破頭實在不知該寫什麼時，最常見的芭樂金句。

雖然四字稍嫌直白沒創意，甚至過分浪漫傻氣，事實上，友誼比起愛情親情，在人的一輩子占據的分量和重要性確實一點不遜色，想要知己長在、情誼不變，未必比維繫婚姻來得容易。

作家錢鍾書曾把婚姻比做圍城，城外的人想進去，城裡的人想出來。把這傳神譬喻再延伸些，包括進不去、出不來的，或不想進去、不願出來的，實則劃分了城裡城外兩方世界。兩世界擁有不同的運轉軸心和生活軌道，你有地、我有天，倒也各自喜樂操煩，可惜高聳的圍牆阻斷不少東西，僅在門扉開掩間稍有交流窺見，其中之一便是珍貴的友誼。

大部分都不是故意的，一開始都偶有回望。只是分頭走上陽關道或獨木橋，選擇安家落戶或自在流浪，狀態不同久了，所思所想所言所行自然改變，尤其有沒有小孩是最大差異，再怎麼好交情、常思念，少說也十八年的甜酸苦辣爸媽經缺乏共享同擔的共鳴，除非用心經營維繫，否則慢慢地護城河上那道門橋終究要收起來的。

「我最近好忙，幾個大學社團朋友聯合畫展找我幫忙……，從來不知道她們那麼會畫畫，而且都是家庭主婦，太有才了！」朋友小平見面一劈頭就興奮地直嚷嚷，彷彿有用不完的精力，或是又發現了新大陸。她是個活躍的工作女強人，但每次遇見我，三兩句閒聊後，話題總會繞回我們倆最大的交集——單身。關心感情虛實、相邀出遊玩耍，這些年基於單身油然而生的老後危機感，我們經常對終老安養這類主題交換最新情報、個人想法，以及不斷修正的作戰計畫。有趣的是，近來我們身邊不約而同出現幾個過去斷了線的朋友重新連結，圍城內外的姊妹淘終於再次相會。

「這就叫做殊途同歸吧！」猶記上個月結束一場開心飽足的生日餐會，步行回家路上，我這麼想著而微笑。全班同學會不算在內，回憶我們四加二個好友（一個高雄、一個香港以群組通訊同歡）曾經捱這麼近地聚在一起慶生，大概就是擠在學校後面貴子路租屋處成日廝混的大學時代了吧！畢業後各奔東西，兩個單身、兩個頂客族、兩個各有一雙子女，雖然三三兩兩都保持聯繫偶爾碰頭，但頻繁熱絡的群組誕生到約成這次難得聚會，是從半年前妮子女兒大學畢業、阿塗女兒離家念書開始的。

兜了人生大半圈，不論心境或實質，漸漸地，大家又回到或趨向一個人的狀態。讓小平忙得不亦樂乎的那幾位家庭主婦同學，顯然蓄積了數十年無處展現的豐沛創造力，正待盡情發揮享受自我；我們這幾個死黨麻吉，對於可以重逢同行的珍惜無須明說，而當聽著各自的圍城內外故事時，一種既熟悉又陌生的奇特感受明顯掛在彼此臉龐，喔，原來別後，是這樣一路走過來的呢！

還有一段路要相伴而行，故事慢慢講沒關係，我們都會細細聽。

讓我們一起，練習說再見

機場裡的場景，最不缺的就是聚散離合。各式各樣的道別方式、形形色色的重逢姿態，宛如一幕早已搭好布景的舞台，就等著人們隨時登場。

頗具才氣的英國作家艾倫·狄波頓出了本新書《機場裡的小旅行》。頂著「連掃帚的傳記都寫得出來」盛名的他，果然不負祖國希斯洛機場第五航廈所望，短短一星期的應邀進駐便寫出許多趣味橫生、活靈活現的故事。其中，自然不乏送別。

那一幕，在書裡早早便被安排上場，而且還是唯一逼得作家和攝影師不得不兵分兩路像狗仔般尾隨盯梢的。我心想，必定是年紀和我相仿的狄波頓直到落筆那刻還深受「震撼」吧？因為讀到時我也不覺掩卷啞然煞感驚奇，那一對「小情侶的道別儀式似乎永無止盡」，時而深情對望，時而激情擁吻，時而哀傷欲絕，時而相互餵食，最後則以決然掉頭的奔逃姿態才完成謝幕。哇，需要到這樣嗎？青春距離我雖不算近，卻也不至於到嗅不著氣息、觸不及餘溫的地步。我不禁想著跨世代之間，在聚散離合上的異同……。

社會觀念的自由開放，讓兩個歐洲大學生可能只是放個暑假必須短暫分離的道別時刻，以如此富含戲劇張力的方式華麗登場；也讓兩個放學回家、明天應該會再見的同校高中生，在我前些天搭捷運時的身旁纏綿難分。「過一站再下吧！」「再過一站吧？」擁擠的車廂裡，他們的低語，我無從閃避，不知道那男孩到底錯過了幾站，反正直到我下車了，他們倆還以無尾熊抱樹的姿勢繼續告別之旅。

不想分開卻必須說再見的無奈與難捨，不論是上一代烽火戰亂下的顛沛流離，還是當下青春無憂年輕人的須臾分隔，輕與重之間至少都還是真情感人的片刻。但是，說到想分手卻不願面對，拜現代科技進步之賜，時下年輕人流行的簡訊分手、MSN分手未免又太「舉重若輕」，相較於熱戀小別的華麗，顯得倉卒收尾、踉蹌下台。

「分手簡訊，三元／發送」。點開專門提供手機簡訊服務的網頁，你會驚訝現代人逝去的戀情竟然如此廉價，而三塊錢買來的罐頭情緒居然還可以多元且客製化。

想表現得豁達灑脫點，你輕點滑鼠左鍵便可以圈住這一段話：

「算了　你要的是朋友　我要的是女朋友　我們本來就是平行線　而

會相識只不過是短暫的重疊　不像交叉線一樣　會有點的出現　我看開了　該是我消失的時候了」；想要像個復仇女王蜂？這則可供參考：「你已經愛上別人了　我選擇離開　但我無法祝你幸福　因為你背叛我……我只能選擇恨你」；想要來點哀怨的文藝腔，「葉子會離開樹　不是因為風的吹襲　而是樹不珍惜　而葉子會選擇留在樹的身邊　也不是因為樹的照顧　而是葉子對它的眷顧　痴心的風等待著葉子　孤單的葉子守著樹」。

坦白說，除了沒啥創意，又不愛斷句、沒有標點符號外，這樣的短文就一般稿費水平來論，價錢還算公道。但我不知道在婦女團體曾有的調查占有兩成比例的簡訊分手中，有多少人真把它用在結束一段戀情上，收到的對方又做何感想？如果是速食愛情VS罐頭分手，其實還蠻搭調的也就罷了；但駭人的事實可能是，現代科技給予我們的溝通管道愈多，現代男女喪失溝通能力的速度愈快！人們和科技產品互動得愈頻繁，人際之間的互動愈生疏、愈淡漠，手法愈拙劣！

當類似機場、車站、碼頭上演的聚散離合場景，逐漸轉移到手機、電腦、面板的方寸之間，說真的，我還蠻懷念在咖啡廳或街角，偶然瞥見情人談判爭吵的古典畫面。能夠面對面說事情，總比躲在冰冷機器後頭勇敢許多；能夠成熟處理分手問題，就算換男女朋友像換手機一樣，換工作像換男女朋友一樣，有些進退拿捏、輕重衡量的態度也是相互貫通的。

感情、職場、生命，皆然。練習在適當的時機用適當的方式說再見，是必要的。

獨處不寂寞，作伴不相羈

「拿了大紅包，長大以後要養我們喔！」

小謙謙原本臉上掛著開心滿足的大大笑容，正在專心練習數鈔票，突然間停下動作抬起頭，看著環繞四周對他疼愛不已的大人們。

「嗯！」他小小聲地說，「那我來算算……。」

伸出小小雙手，他開始認真地折起指頭，「我要養爸爸、媽媽、外公、外婆、舅舅、舅媽，還有萱阿姨……。」一隻手不夠算，另一手也派上用場。

「就是啊，七個耶！白馬王子和七老人喔，哈哈哈！」

雖然全家著實愛看平日調皮機靈卻生性良善的小外甥，如何把天人交戰的表情活生生寫在臉上，但玩笑真的歸玩笑。光看他小小腦袋瓜認真思考的模樣，我們都清楚知道，沒道理要家族裡唯一的第三代長大後背上這麼沉重的負擔。

我們家三個孩子的婚姻狀態恰巧是社會多樣的綜合縮影。哥哥是「頂客族」，結婚無子；我是「單身族」，未婚無子；妹妹是典型小家庭，三人成組。出自媒體人的社會關切和家人相處的近身體會，這些多元形態的同與異，常在我腦中盤旋。

無論已婚或未婚無子，不確定是國情不同，還是個人交友圈關係，十三年前以《敗犬的遠吠》掀起未婚不婚話題的日本作家酒井順子，在新書《敗犬進化論》進一步談及有子、無子者自成世界，偶有交流則常出現尷尬排擠甚至歧視的困擾，現實生活中的我卻很少碰到。

我的好友已婚者，常有渴望自由、設法單飛的時候，而無子的我們，也會自我調節情緒，面對親友親子互動的幸福與煩惱，多樂於同享傾聽，偶爾出出主意。如果日本政治和公眾人物有意識地常把育兒經掛在嘴邊，自認高人一等或政治正確的社會氛圍也籠罩台灣，蔡英文和洪秀柱恐怕就沒得好混了。

只是，當我們走著走著，走過活躍的青壯年，逐漸望見不再那麼遙遠的人生盡頭。就像季節裡的秋收將近，不管樹長得好不好，果實結得多或少，都到了得誠實點收、坦然面對另一個更嚴峻的「無子效應」，養老和臨終問題，思考如何安然過冬的時候。

要說完全沒有惶然不安心情，那是騙人的。我們兄妹和小外甥之

間的玩笑話，其實就是一種自然的心理反應。只是每個無子者必定會有程度不同的憂慮。

有病痛的朋友，開始擔心起某一天或許面臨「孤獨死（病）、無人問」的悲涼；喜歡未雨綢繆的朋友，也有憂心臨終後事乏人處理的恐慌。但能提前設想總是好的。幾個單身好友相約買地移居鄉間，姊妹兄弟說好同住某某養生村，住院時，麻吉老友輪流排班探視。前些日子一個好友告訴我，她已經把保險單上的受益人從父兄改為朋友，家家有本難念的經，自己的後事委由好友張羅處理，讓她更放心自在。甚至有已婚有子好友積極儲備夫妻倆的養老金，她說得妙，以前是「養兒防老」，現在是「養老防兒（不孝）」。

這其實是四、五、六年級生，以三十年為一世代的我們，很奇妙且堅毅的特質。「我們很可能是孝順父母的最後一代，也是沒有子女奉養的第一代。」許多人開始有這樣的認知。只要行有餘力、預作準備，鮮少有人真的忍心或放心把期待中自主尊嚴的安養臨終晚年，統統丟給少子的下一代，他們還有自己世代的困頓和幸福得去克服和追求啊！

「大人的友誼」，成為個人理財和社會長照之外一股重要的網絡支撐力量。「同輩相偕、一起老去」，像是面對高齡化與少子化兩股社會人口激流匯聚碰撞，四、五、六年級生的新「世代宣言」。

獨處不寂寞，作伴不相羈，我想像秋來冬近的人生，最好是一種透著微光的淡金歲月。我們都顫顫巍巍踏著每一步走到如今光景，成為現在的自己。有子無子不該成為告別人生前的最後羈絆。

4

日常，與每一天

「熟年」的紅利之一，就是可以填寫屬於自己的人生行事曆，拿回可以均衡配置生活的主導權，重新設定自己的人生步調……

1.9 公尺

最喜歡「自己一個人」生活、也最快樂的國家是芬蘭，

「芬蘭式排隊」每人間隔 1.9 公尺；

公共區域椅子都是單人座，且不會與他人面對面。

自己的人生行事曆，終於可以自己填寫

「鈴～鈴～鈴～。人，活在地球上的日子，但凡遇上有『零』的那年，腦袋總是格外警醒，像有個生命時鐘安在體內，逢零便要『整點報時』，提醒妳的人生進度。」

這是我在四十歲那年，第一本也是迄今唯一一本著作的自序。不知為何，彼時對於女人四十，完全沒有一枝花的浪漫風韻想像，反倒感覺事態嚴重地必須做點什麼才足以回應生命的登門扣問：「人生倏忽中年，妳倒也說說，究竟幹了些什麼好事……？」當時世俗目光下五子登科全無著落的我，雖享受自由，也難免心虛，只好用一本書、一棟房外加一筆沉重貸款來交代進度，像是要以承擔壓力的重量證明歲月未曾在我手中浪擲。

如今，歲月列車有加速行駛之嫌，生命鬧鐘再次鈴聲大作，我已來到媒體慣常用語中聽起來有點恐怖的「半百老嫗」之齡。不過，比起四十拉警報的無預警驚嚇，人生上下回合的中場切換有許多生理徵兆的「前奏曲」，倒讓人在漸進過程中可以有更多既來之則安之的淡定，甚至是「那就來吧」的瀟灑從容。

如果願意，更棒的是，豐富的資歷人脈和成熟的性格智慧，或可以讓我們嘗試拿回屬於自己人生的主導權。

兩位同輩朋友最近都先後離開職場，加入自由工作、斜槓人生一族。阿哲兩年前先一步勇敢跨出舒適圈，文筆極佳選擇自由撰稿工作的他，因此擁有去年帶著小一、小五兩寶環島旅行，千金難換的超級美好記憶。在大公司擔任副總的筱珮上周剛遞出辭呈，長了顆須觀察的良性腫瘤，是讓她下定決心不再死盯眼前那根總經理誘人胡蘿蔔的觸媒，「原本可以預見，但未必順遂的人生路徑，突然充滿更多的想像。」講起陪伴家人、鍛鍊身體和嘗試在家工作的規畫，她俐落短髮下俏麗的臉龐散發難以言喻的希望光采。

人的一生，如果求學歷程是由父母師長主導；職場上的每日應辦事項是被別人填滿；如今成熟的紅利，是可以填寫屬於自己的人生行事曆，拿回可以均衡配置生活的主導權。誰說初老不會是件快樂自由的好事。

人在半途，現在就開始重新「配速」

莫名的，最近腦袋老是閃過類似《超級名模生死鬥》裡的節目橋段。參賽者前一刻鬥志昂揚賣力表現，下一秒突遭淘汰，立即「啵」的一聲從團體合影中瞬間消失，留下一抹遺憾夾雜殘酷意味的人形空缺。

啵，啵，啵……。

若說現實比小說、電視來得戲劇化，大概莫過於此了。我生活交友圈的「大合照」，過去幾個月就像這樣，身邊倏然出現三、四處人影缺洞。原本青壯旺盛的生命，接二連三被迫退出整個人生舞台。泡沫般幻滅。

這些日子，每每望向記憶裡，曾經真實溫熱，如今虛渺淡去的存在，總忍不住深深嘆息。和電視秀裡的競賽邏輯恰恰相反，他（她）們都不是競爭舞台上表現欠佳的被淘汰者。所以，是投入太深、求好太切、壓力太大，反倒讓他們贏得職場小戰役，卻失去人生大戰場？

可是，他們亦非只知埋首苦做，把自己和別人逼到牆角的工作偏執狂啊！六年級頭段班的辣姐製作人近年迷上馬拉松，周末假期一溜煙就路跑超馬去，把政論節目的瘋狂拋到腦後，渾身緊實窈窕。五年級中段班的節目總監認真盡責，工作的疲累不快常在舌尖美食的甜酸苦辣裡得到釋放。同樣五年級、兩個漂亮女兒的爸，碰上再多職場上的爭鬥不堪，只要說起孩子種種，眼裡溫柔彷彿消解所有鬱煩。

或者，正是這群處在歷練與體力、收入與責任雙高峰的五、六年級生，過度承擔或過分仗恃，既想認真工作用力玩，又要老小內外都兼顧，凡事都想做好做滿，壯年的自信反而導致身心警訊的輕忽。

有點矛盾，不是嗎？一邊是持續攀升的人類壽命和不斷刷新的高齡社會種種訊息，一邊卻是三高年齡降低、同輩罹癌增加，我們愈來愈常參加人生才到半途便提早走人的朋友告別式。

我不禁想，芸芸眾生裡，究竟是誰打延長賽？誰又該當中途退賽？先排開基因和宿命，也除非選擇或相信自己將是劃過天際那顆璀璨流星，一如古時建立跨洲帝國的亞歷山大大帝，抑或現今打造蘋果傳奇的賈伯斯等出世奇才，否則，當人生賽道隨著醫療科技進步，一路從短跑、中距延伸為長跑，距離起跑之初對人生的想像規畫早已天差地別，人在半途的我們，是該靜下心緩下步，重新看待評估眼前被迤邐拉開的迢迢長路。

就像某個熱血觀看世大運的夜晚。四百公尺接力賽棒棒衝刺的狂飆才結束，畫面立即切換五千公尺長跑登場，只聽見專業講評忙不迭串場分析起兩種跑程選手的最大差異，爆發力和續航力之別，還有前者首重速度，後者強調「配速」。是了！就是「配速」！

撞進我腦子裡這兩個字，不同過往以單峰曲線思考人生——「筆直前衝、一輪猛攻、然後退休」的衝衝衝邏輯。因應戰線不斷拉長，且最好能夠完賽，至少別過早被淘汰的思考，「配速」是分階段設定目標，依個人能力喜好調配快慢速度和鬆緊節奏，讓賽事和人生在自己的掌握下，如波段曲線般一波波推抵終點。

衝刺的人生，通常專注難求均衡，路過鮮少逗留，成功未必快樂，更現實的是，拚了小命累喘吁吁還難以為繼。長跑人生配速前進，有自己的節奏、看自己的風景、成就自己的成就，不亦暢快哉。

何時「啵」的一聲，已非重要。

我的小心願：五個今日事今日畢

阿丁最近瘦了不少，胸膛挺了、肚子消了，秋風颯爽，他整個人也玉樹臨風起來。老被笑說大學時期帥勁直逼螢幕小生李志希或政治新星馬英九的說法是詐騙吹噓，如今終於稍算沉冤昭雪。

在這之前，阿丁的老婆蘇菲好說歹說，一度祭出體重降到九十五公斤招待歐洲遊、九十公斤十萬現金回饋，但始終效果不彰。直到最近阿丁感到初老、想到老後，開始慎重思考增購保單，卻被保險顧問撂下九月之前若體重和血脂不降到標準值，只剩保費超貴或終身拒保兩條路可走的狠話，才讓蘇菲終於再見二、三十年前讓她傾心的那位不再年輕但仍有型的 Prince Charming（白馬王子）。

我並不是要說，鞭子比胡蘿蔔有效，或者恐懼比希望來得更懾人心這類很馬基維利的話，雖然講到衰老和死亡確實經常可以達到威嚇效果。我想說的是，阿丁的方法。

其實，阿丁之前也肖想重回帥氣又十萬現金入袋。他一度擬訂每周運動一到兩次，每次兩小時；少吃澱粉甜食；每個月瘦半公斤，一年瘦六公斤。宏遠的年度作戰計畫，但每天工作忙又累，到了周末只想攤著當沙發馬鈴薯哪有動力去運動，拚了幾周後，可想而知計畫無疾而終。這次為了趕在九月之前快速達標，阿丁決心改採每天運動半小時、少吃半碗飯的短打戰略拚一拚。結果看似比較不恢弘、沒志氣的小改變，因為具體可行容易持續，三個月內甩了五公斤，不僅上周末保單簽了，還意外養成天天運動的好習慣。

人到中年，和過去最不一樣的是時間。年輕時，什麼都沒有，就是時間多。青春任揮霍，人生無盡頭，做的春秋大夢都是以後又以後。雖然路邊玫瑰也不錯，遠眺天邊彩霞還是覺得美得眩惑。

熟齡後，什麼都不太缺，就是時間趕。昔日眺望的彩霞，如今近看像是海市蜃樓。依然有夢，但會記得調鬧鐘。路邊景致、腳下玫瑰說什麼都不願再錯過，因為明白一旦走過無從回頭。

於是「當下」，不論從字面或佛禪去體會，行到人生中途都有更深領悟。很像電影《后來的我們》最後很有餘韻的一句話，「后來的我們什麼都有了，卻沒有了我們」，那是致青春；改寫成致歲月，該是「此刻的我們什麼都有了，卻沒有多少的后來」。

所以話說回來，在我看來阿丁成功健身減重，是因為趕時間而有了時間感。能夠聽到時光滴答滴答走過的聲音，是熟齡的一種祝福一項禮物。當然，如果年輕就有這樣的感知，那該是值得珍惜的天賦。

知道阿丁故事的當晚，我二話不說套上球鞋往大安森林公園跑去。跑著走著，我自顧自傻傻地笑了。

我突然想起小時候媽媽催我寫功課時最常念的「今日事今日畢」。從這裡，我決心延伸出五個小小新志向～～

今日工作今日畢

今日煩憂今日消

今日快樂今日笑

今日熱量今日燒

今日垃圾今日倒

別讓家裡冰箱，成為過期食物的墳場

我實在不想把這麼一個本應美味的所在形容為「盲腸」，何況它偶爾還發揮點作用。但兩年多前當我決定重新整修舊房子時，真的一度考慮敲掉廚房。

「不要廚房……，那妳冰箱要放哪裡？」

「唔……。」自大學就認識的設計師朋友這個大哉問，一時間可把我問傻了。分明我講的是沒啥大用的廚房，他想到的竟是無家可歸的冰箱。對話有點雞同鴨講，但我隨之想想倒也真不希望客廳裡杵著個電冰箱，更不想走到臥房裡拿冰棒。外加廚藝過人的他一旁慫恿，「算了吧，還是留著廚房，雖然一個人，搞不好有一天妳會愛上烹飪、喜歡鍋鏟！」一番妥協後，為了冰箱和不確定的美食未來，我有了個小廚房。

其實，一開始考慮放棄廚房，念頭很簡單。不管你自覺或不自覺，「家」的確是人類動態生活的具體靜態呈現，幾房幾廳的數量多半訴說人口規模，每房每廳如何使用大致反應生活功能和需求，家用設備可以看出生活習慣，裝潢擺設則能嗅出生活品味。但在現代住屋幾乎一味迎合社會多數和文化主流的制式空間中，廚房對於許多單身男女無疑便成了最虛幻的存在。

我認識的單身朋友中，雖然還沒出現也想「割掉盲腸」的，但廚房兩個字，幾乎就是「燒開水煮泡麵的地方」的等義詞；有的更乾脆改寫廚房定義，生活用品、文書、雜物不僅占據流理台，連爐嘴都淹沒在一堆荒煙漫草中，要想簡單煮個東西、煎個蛋，嗯，統統單靠微波爐。先別蓋棺論定這些人就是廚藝不好、興趣不高、怕麻煩，不少朋友可都曾經不信邪，為了享受一人分晚餐的美味片刻卻付出慘痛代價。

我就嘗試過自認最簡單方便的沙拉大餐。當時心裡還得意地盤算，「不過是幾把生菜、幾顆番茄嘛，既沒魚也沒肉，再怎麼說應該也不至於有多難！」但當踏進超市，觸目滿眼盡是大把大把萵苣、蘆筍、生菜，一盒一盒苜蓿芽、小洋菇、大番茄時，雀躍的心立即被一道道迎面噴來的「家庭號」冷氣澆涼一半。那是夢想中的美味和現實中的理智激烈纏鬥的過程。

都買，光想像一大盤各式各樣青翠爽口食材的景象便幸福起來；

但一把青菜都不見得一餐吃得下，這麼多種蔬果要幾餐才吃得完？那只買一兩樣好了，省得麻煩，只聽見腦海中才成形的美好畫面啵的一聲即刻破滅，好生沮喪，那還叫生菜沙拉嗎？笨牛吃草大概也不過就是這樣！

那次之後，我不曾動念再做沙拉。只因堅持做個「懂得享受美味的人類」，一時的衝動換來足足吃了一個禮拜的沙拉，而且生菜愈吃愈爛，胃口愈吃愈嘔！如果想謀殺一個人對於某種食物的味覺，叫她連續吃上一個禮拜就對了！

「乾淨」的廚房，是單身者夢想與現實交戰落敗的結果。其他混亂的證據，則躺在一旁的冰箱裡。不論是下廚後的剩菜剩飯，或是決定不下廚後的外帶外賣，冰箱都是另一個災難現場。

多年前，我曾在電影頻道播出珊卓．布拉克主演的《麻辣女王》

裡聞到單身女子冰箱裡的腐敗氣息。一罐罐過期牛奶、一片片發霉PIZZA、一盒盒沒吃完的殘羹塞爆冰箱夾板、一張張貼滿冰箱門上餐廳外賣電話和菜單；更慘的還有一幕珊卓將就著站在洗碗槽旁，狼吞虎嚥完本該是一天當中最豐盛最幸福晚餐的狼狽畫面……。那刻起，我暗下決心，力行「絕不站著吃」以及「冰箱淨空」計畫。儘管事情還是偶有閃失，但大體來說，被我大廢武功，僅以製冰機和飲料販賣機的殘存功能站在廚房邊角的冰箱，就算缺乏生鮮靈魂，至少不再是過期食物的墳場。

說來好笑，單身的人常把心思花在裝飾打扮上，殊不知最大的裝飾品其實是家裡那個空蕩蕩的廚房；單身的人最怕錯過青春保鮮期，但翻翻家裡冰箱，妳會發現要東西不過期有多難！單身生活裡，許多事物會在摸索調適中不斷進化，唯獨廚房和冰箱的功能，不斷退化！

人生抛物線，重新上揚——第一劑免費疫苗之後

說件有趣的糗事。

去年約莫這時節，初秋。擔心冬日將近，萬一老人家傷風感冒得不償失，於是趁著爸媽去醫院回診，陪他們順道施打免費流感疫苗。隊伍很長。和爸媽排著聊著講起我過去幾年但凡感冒必失聲的慘況。爸媽建議，既來之何不則打之，若能降低點中鏢機率也好。

「呃，請問一下，我陪爸媽來，可以自費施打疫苗嗎？」

「可以呀，來，身分證字號……DXXXXXXXXX。」我邊

念邊見工作人員指尖飛快，跳舞般輸入數字，隔了幾秒，她抬頭瞅了我一眼。

「蘭小姐，妳的生日是XX XX XX？」

「是。」

「唉呀，妳不用自費啊！妳今年剛好滿五十，可以免費施打流感疫苗了！完全看不出來耶，五十歲！妳看起來好年輕，沒想到有五十歲喔……。」

哇，有需要這麼大聲嗎？環顧四周長長人龍，我心裡忍不住OS，何況五十就五十，講這麼多次幹嘛，說到底，年齡這檔子事又不歸我管……。

事後回想，其實工作人員的聲音並不算大。頂多為了表達親切善意，或恭喜我額外得到一份來自政府的「禮物」，可能音量稍微拉高了一些。但在當下，我簡直感覺她像手持大聲公昭告天下一樣。

尤其當現場阿公阿嬤爺爺奶奶們向我投來某種過來人似的會心微笑，彷彿我剛獲邀加入他們的神祕俱樂部，而我連婉拒的餘地都沒有……。真是一種只有天知地知我知～～哭笑不得的感覺。

其實，對於年齡，我算是灑脫大方的，通常有問有答，從不閃爍。去年生日還開玩笑自己堂堂加入「半百老嫗」行列。一方面，我真心認為年齡增長無損女人價值（當天底下另一半人都說幼齒的好，身為女人豈能羞於啟齒，跟著自貶啊）；另方面，也覺得對年齡坦言不諱算一種自我提醒，希望對歲月匆匆保持警覺，雖不強留，也不任意虛擲。

只是，很顯然地，自我提醒和心理建設怎麼樣都嫌不夠。面對五十歲這個初老大關，伴隨年齡而來的外部挑戰——社會觀感乃至年齡歧視，自我挑戰——心理調適之外更殘酷實際的身體退化衰老，就像潛伏的怪獸隨時可能來敲門！

其中生理的老化，五十歲特別是關鍵。根據世界衛生組織研究，在這迎接高齡長壽人生的新時代，不管什麼肌膚二十五歲開始老化、骨骼三十五歲開始流失、眼睛四十歲開始衰弱……，整體關鍵來說，五十歲是所有老化加速的開始，但同時也可能是逆齡慢老的開始，端視每個人怎麼活著。換個榮總高齡醫學中心陳亮恭主任的說法則是，能不能過一個「創意樂活的高齡生活」，就看每個人五十歲時如何看待並展開自己的初老……。

我想起訪問過的朋友T。臨近五十歲之前毅然決定退休，丟開高薪卻不愉快的工作，為自己尋找另一種海闊天空的可能。如今的他年近六十，一身南台灣的陽光黝黑活脫像個海灘型男，年輕強健得不像話。十幾年的退而不休，讓他一腳踢開那個當年大腹便便、鬱鬱寡歡的中廣男人，不僅人生更精采，簡直是《班傑明的奇幻旅程》現實版——愈活愈回去了。

「我覺得我現在的人生曲線還在持續不斷向上揚……。」上周聚餐閒聊，另一位忘年之交S的話至今在我腦裡盤旋。四十六歲那年，因為演講時一枝筆掉到地上，彎腰欲撿竟閃到腰、痛到爆，S身體裡的內建警鈴聲大作。幸好當時警覺且開始改變生活，因為之後沒幾年他發現罹癌，若非新的生活方式包括飲食、運動適時提前展開，他不認為自己能輕鬆熬過化療開刀過程。現在的他六十好幾，找個國家教練學武術，可以雙腳蹲著然後猛然前踢站起。看著影片裡自信得意笑著的他，我相信人生的拋物線可以因個人意志而重新上揚。

T和S，他們都在五十歲上下，因為不同因素，以各自方式深刻回應了初老，而擁有更創意更不留遺憾的下半場人生。我慢慢發現且相信，當初老來敲門，別害怕、別漠視、別抗拒，勇敢打開門，面對他、回應他。這是個人生提醒，就像五十歲那第一劑的免費流感疫苗。

妝容照樣優雅，心情依然漂亮

套句托爾斯泰在《安娜‧卡列尼娜》小說的楔子，幸福的家庭有同樣的幸福，而不幸的家庭則各有各的不幸。擁有青春的人，散發同樣恣意淋漓的青春光彩，但失去青春的人，則各有各不再青春的凋萎掙扎變化過程。

失去準頭地想要狠狠抓住青春小鳥尾巴，不料搞得漫天鳥毛嘰喳哀鳴，徒留滿臉全身努力過度、青春過量的斧鑿痕跡，彷彿一隻隻青春小鳥的標本，是整形風潮吹起後，生活周遭最容易被注意到的鮮明證據。而擔心醫生技術不精下手過重，以不動（或少動）本體只改擺設布置的「輕裝潢」概念形塑青春，意外扮成粉紅聖誕樹、資深芭比或老肉猛男招搖過街，也是另一種昭告天下自己風華不再的尷尬風景。

拿捏失準，是這類「看似青春卻很老態」的關鍵失誤。否則不論起心動念是不服老、危機意識或純粹愛漂亮，坦白說，只要不危及生命財產安全，「不信春風喚不回，不怕努力盡成灰」的積極進取，還挺算是金秋颯爽的人生正面態度。而在過與不及當中，面對歲月如江河滔滔逝去卻絲毫不驚不懼無感無為，除非真是參透放下而豁達隨它，有時反倒讓人擔憂。

因為歲月像小偷，偷走的青春不僅不會歸還，還有可能如同醫學實證提醒的內外雙向影響，放任容顏、肉體衰老而造成自我預言式的身心枯槁，兩者交互作用惡性循環。有點像人體的破窗理論，當有個破洞出現卻未加積極修復，連動效應將使得周遭加速破敗頹圮，今天懶得搽口紅，明天可能邋遢不想出門，今天不在乎腰帶退後兩格，日後可能不只變成油膩大叔、臃腫大嬸，還外加脂肪肝和血管硬化。

好友小倩回想幾年前，連出門買個菜都要精心打扮、如今卻臥病且憂鬱的媽媽，怎麼突然迅速衰老，「應該是爸爸過世那天開始的，媽媽從此脂粉不施，連口紅都不搽……。」她有點不捨且自責地這麼說。心死了的自我放棄，是失去青春、瞬間衰老另一種讓人擔憂的極端。

難怪那天，經常素顏不愛打扮的小倩搽了個大紅口紅和我喝咖啡。愛立志的她說，這次要立志每一天都以優雅妝容、漂亮心情面對老去，像個日本老婆婆那樣……。

下半場，我只願帶著一卡皮箱

最近幾天略感挫折。

在這個網路串起全世界的時代，分享交換變得容易，永續環保蔚為風氣，輕裝上陣看似必然。

但怎麼當我站在衣滿為患的櫥櫃抽屜前為換季清倉痛苦發愁，面對土石崩塌邊緣的書堆想做現代愚公發揮移山精神，卻還是斷不盡、捨不得、離不了？

「斷捨離？」聽到我的哀號，衣櫃問題向來比我嚴重N倍的安東尼投來不可置信眼神。「有什麼難？」他大方提供悟出的寶貴換季心得，「妳就把常穿、喜歡穿的冬衣夏裳小幅度對調不就好了。反正現在沒像年輕時那麼花稍講究變化，既然懶得穿就別再搬出來、收進去，省麻煩！」

乍聽好像有道理，但說穿了就是個中年大叔懶人換季法，治標不治本。「正是不穿少穿了，擺著占空間，不如送朋友、送回收處理，一來房間清爽、收納有效率，二來也是個資源分享循環的概念，不挺好的？要不你房子買來是給衣服住的呀？」

安東尼笑著，緩慢而堅定地搖頭，這一點他和美魔女糖糖有著類似的心思。他們都是大方的人，能送朋友、部屬、後輩的，其實早都送了，留下來捨不得的，看似戀物實是念舊。在以華服美包作為自我犒賞的事業拚搏歷程中，有些衣服形同征衣盔甲戰利品，不僅標記歷歷戰役，過程的艱辛和勝利的滋味也一併留存。而在糖糖號稱一輩子不清的抽屜底層，更有的是壓箱記憶中逝去的親情與愛情。

沒有紀念價值的痛快清，時隔三年沒再穿的爽快送……。

顯然，每個人的斷捨離，反映出不同的價值觀，和面對下半場人生期待自己輕裝上陣的模樣。

容或還要一些時間才能摸索出自己的斷捨離，但人到中年，學習告別，不論對人還是物，原本就是重要的事。

與身外之物的關係更簡單、再輕鬆一點，不只是哲學性感思人生來去、孑然一身的灑脫與否，更實際的是，當你我要住進那個叫樂齡公寓、安養之家的棲所時，自以為擁有或能帶走的「有形人生」有多少？

不過一兩卡皮箱，以及期待無罣礙揮灑的下半場人生。

此生暫借，身外之物能捨則捨吧

衣櫃前的減法領悟，掙扎卻必要。但面對一落落清不完理還亂、春風吹又生的書堆，經歷一次次對決敗陣的狼狽，最近我有了豁然開朗的新體會。

有時碰上一時之間想不透、解不開的事，我會把它擱在那兒，對著發呆。開玩笑的說法是，王陽明式的格物致知。那日午后，我站在陽光斜照的屋內盯著散落滿地的書籍問著自己，「能不能說個明白，究竟什麼原因讓妳對它們像十八相送一樣難捨難分？」

「嗯，這一堆，講孤獨談哲學的，想找個周末或度假時不趕時間慢慢看，心應該偶爾清一清靜一靜。」「那一疊？噢，那是科技與人文激盪撞擊下的趨勢觀察和反思，作者都是西方重量級或新銳意見領袖，做媒體的一定要讀。」「那是想留著廣播節目做參考，用完才能丟；唉呀，這兩袋是小說不能丟！想放鬆心情或搭飛機旅行時，怎麼可以沒有小說？！」

事涉主觀好惡，旁人未必苟同，但一番自問，自覺除了「太貪心」什麼都想讀，諸多理由說詞卻也反映出對自己對未來猶有不少期盼和熱情。光衝著這點就該給點鼓勵。

我想起上個月，和一位退休後重拾畫筆、年輕地像個小伙子的學長重逢，他晴耕雨畫更形精采的第二人生，讓我感受頗深。望著他恣意揮灑的滿園海棠繡球，巨幅五彩躍動畫作，一干朋友欣羨莫名。

「人家都在斷捨離，你搞這麼多寶貝未來怎麼辦？」終於有人忍不住發問。「我兒子說了，以後他一件都不想要。」帶點苦笑，但他說得好，終於擁有做愛做的事、也做自己的遲來熱情，未來事未來再說，送了捐了都無妨！

日本知名舞台設計師、作家妹尾河童曾寫過一篇散文〈分贈遺物〉。因為無法割捨書籍器物的收藏癖好，他索性三不五時以派對為名，開放友人挑選喜愛的器物並在其上簽名以示歸屬，待他死後便能各自流通擁有。

多好！生不帶來死不帶去，但帶著此生暫借的心情，預做好他人續享的安排，換來多一點的愉快借用時刻。未必斷捨離，也是美事一樁！

學會在自己生活的地方旅行

那天，尋常工作日，約好訪問的美魔女突然拖著一卡小皮箱、一身華麗出現在我錄音室。

「怎麼著，待會要出國？」「沒呀。」

「離家出走噢？」不回答，一個鬼臉。

「真的離家出走？」我從椅子上彈跳起來，立馬收起玩笑表情做好閉嘴傾聽的心理準備。結果是鬧我的。

暫時離家是真的，因為家裡屋頂漏水重新裝修，美魔女已經外宿住家附近小旅店多日，只是沒想到工程進度比預期慢，剛才回家再拎些家當細軟出來，晚上應酬要穿的小禮服怕放在箱裡搞皺了，乾脆一大早絢爛登場。於是，就成了那副像要小旅行的出走模樣。

其實，未嘗不能在自己的城市裡小旅行。我和美魔女聊著說著，想起幾年前一次試住邀約帶給我的獨特美好體驗。

那是VVG好樣公寓。因為訪問入選世界十大美麗書店的好樣書店認識 Grace，相談甚歡彷若老友，她盛情邀我試住她們隱身在台北市最熱鬧的忠孝東路四段巷弄間老舊公寓裡精心打造的「旅居」。我挑了個風和日麗好天氣，在自認熟悉不過的城市做了這件有點陌生新奇的事——背上旅行背包到距離住家其實不算太遠的地方，外宿度假去。

不在預期中的微妙轉換，當背包上肩、鐵門帶上那一刻，慢慢開始。因為我變了，有一雙旅人的眼睛，一個旅人的心情。

所謂公寓竟然就在我經常光顧的好樣 Bistro 樓上，而我從未察覺；餐廳女孩摸出大串鑰匙，帶我穿過被枝椏藤蔓擋住視線的小徑拾級而上，有種打開禮物前的興奮與期待；啜飲紅酒，在濃濃工業風格探照燈下隨手翻閱架上書冊、在長型銅鏡旁古典浴缸裡享受香氛泡泡浴，一種似家非家、身處台北彷若異鄉的恍惚交錯感讓人沉醉。尤其當我把自己當作外國遊客初訪此地一樣，翌日吃完 room service 的豐盛早餐後下樓到附近閒晃，遇見不曾看到的小店便帶著冒險探奇心情鑽進去尋寶玩耍一番，結果原本不太喜歡這一帶擁擠喧鬧雜亂局促的商業氣息，最後竟逛得趣味盎然完全錯過 check out 時間，匆匆離去前還買了一條紅色皮手環當作此次的「旅遊紀念」。

距離拉遠，視野會變寬廣，登高鳥瞰，心胸會變開闊，換個角度，觀點大不同，那麼換個角色呢？

就像旅人的眼睛帶我重新看見與感受所處城市的不同肌理紋路和面向，有時用旅人心情對待人生，重複且尋常日子或許也能創造出獨特且不尋常的體驗。

帶著與自己對話的筆記本，說走就走

燕子颱風突然打亂京都單車行的出國規畫。臨時空下來的行事曆還好，隨時總有大小雜事可以補上，但已被挑起喚醒想要放風出走的心，就是有些不甘願。

到高美館看畫展？來自泰德美術館的《裸》特展，在訪問李館長後感覺值得專程南下欣賞；飛香港訪摯友？打從她移居就說要去那蝸牛殼裡擠一擠聊個天荒地老；還是上山看星星？癡字輩的天文攝影老友三不五時會吆喝隨他浪漫一回，剛刷臉書顯然又在哪個山頭仰望星空向我招手……。

有點舉棋不定。擔心臨時起意會搞亂朋友假日安排，而且回過頭琢磨自己心情，似乎傾向簡單的替代方案就好。最後，我打了電話，訂下北部半山腰旅店一晚，決定和自己的心去旅行。

在我的旅行經驗裡，不同的旅行形式可以帶來不一樣的快樂。看世界的旅行，接受刺激、開拓視野、長見識，有吸飽養分的滿足感。繫情感的旅行，伴侶、好友相偕出遊哪裡都好，吃吃喝喝玩玩聊聊，只要鬥嘴不過分，回憶起來都溫馨愉快。最後，是一個人的旅行，獨自一人與心對話，可以抽離陀螺般的生活漩渦，紛擾中尋得心靈的平靜和諧與力量。

我是從剛當記者沒多久的某年元旦隻身去花蓮度假開始，喜歡上這種短暫脫離熟悉環境和喧囂，創造和自己獨處時空的旅行方式。當初的起心動念，已不可考，猜想年輕的我，盤纏去不了遠方，只好就近流浪的浪漫有之，選在跨年新舊交界，想要沉澱過去、思考未來的認真與徬徨，想必也是主因。

事實上，在人生每個階段，我們都難免受到外在世界的影響拉扯而不斷調適變化，縱使不像轉山走河的作家謝旺霖那般驚心動魄地和自己交手、逼到牆角地和內心攤牌，但若我們夠誠實、懂傾聽，必然會察覺自己和內在深處的本我常會出現疏離陌生，甚至對立交戰的微妙或緊張狀態。

漠視不理會的結果，只怕當某日驚覺，早已偏離本心，不再認識自己。像打理花園一樣時時照顧呵護，像家人好友一般常常問候聊天，那麼心不只應該繁花盛開，和自己緊密和諧的程度也足以成為強大的盟友和後盾。

不論昔日背包客式的陽春小旅行，或如今從遠方回歸重新愛上的島內民宿之旅，帶上一本書和與自己對話的筆記本，說走就走的暢快自在並不孤單，因為我和我的心，一起旅行。

慎重規畫，那最後一趟單程機加酒

從初老起點望向拉遠了的人生終點，再怎麼對旅途抱持樂觀想像，卻還是難免惶恐不安的，其實並不是死亡。

一周之內連續兩則社會新聞抓住我的注意。土城一名中年男子為患有糖尿病、高血壓的輕度中風老父注射過量胰島素致死，而後向警方自首的社會悲歌；基隆海邊一名輕生女子，疑似不忍獨留行動不便老母在世，攜母投海雙亡。

兩個真實的人生悲劇，不論下手弒親的子女是出自不堪負荷的怨憤或無法照料的不捨，是愛是恨？是孝順還是不孝？都把台灣瀕臨超高齡社會的長照問題炸出無法漠視的更大窟窿，如果從被害者的角度思考，更教人心痛膽戰。因為被剝奪生命的父母親雖老邁不能自主行動，明顯並未喪失思考意識，所以……，中年兒子口中「默許」他注射針劑的老父，那一刻究竟是什麼心情？被女兒一路推著輪椅到海邊的媽媽，又對無法掌控自己生命去留做何感想？

現實殘酷至此，活在延壽時代，如何自主且尊嚴地以自己所願方式和世界說再見，毫無疑問是終將老去的我們必須盡早思考、認真面對的人生最後一件大事。

「萬一真有那麼一天，記得，我不要插管、不要急救，妳要幫我執行這個心願。」大學好友珍妮佛和我經常談天說地、東聊西扯，什麼都能談，隨著步入中年，我們更常在讀了類似《輓歌》這樣的動人好書，或看完《愛慕》如此至深至痛的電影後，觸及生命話題。骨子裡都是自由魂的我們，對於失去知覺僅剩軀殼的歹活，或缺乏尊嚴苟延殘喘的殘生，都有寧可選擇放手好走，讓靈魂解脫，也讓家人自由的共識。

不過，這個像是用小指頭打了勾勾，你知我知的承諾，幾年前，在共同好友發生腦溢血陷入重度昏迷後判定腦死的過程，第一次面對無比真實的考驗。

雖然我們都不是那位朋友具備法律決定權的家屬或關係人，無需做出天人交戰的痛苦抉擇，但連續幾個禮拜的日夜探望，感同身受好友家人萬般不捨和備受煎熬的矛盾心情，我和珍妮佛一度以為堅不可摧的共識開始出現裂縫。

心地柔軟的珍妮佛終究捨不得好友離去，她極力主張應該積極搶救，不想放棄任何可能創造奇蹟的方式和機會；相對比較理性的我，其實也驚訝自己的悲傷情緒竟能如此巨大，但眼看著插管急救開刀在好友和他心愛家人身心上的徒然折磨，以及每念及縱使救回也會是植物人狀態的強烈不忍，我依舊傾向放手。

不為爭產，沒有恩仇，單純掙扎在怎樣做才是最好，都如此糾結兩難。若說好友的提早離席傳遞什麼重要訊息，面對生死拔河，人類理智和情感何其脆弱，必定是其中之一。

「我決定不要把拔管的事情交給妳了，這個責任太沉重，而且，妳這麼心軟，實在太不可靠了……。」幾年後的某日，我用半開玩笑的口吻跟珍妮佛說出再三斟酌後改變的心意。

親愛的珍妮佛和我，如今還是經常感性舒懷式地閒聊終老的未可知。但關於臨終那一刻，和終老前那段時間，我清楚明白再閒散打混下去，徒傷悲窮悔恨的只是自己，得要認真做準備。

不單是紀律的運動減少病殘臥床、拉長健康時間，穩當的理財和保險，增加晚年生活樂趣、降低醫療負擔，更重要的是，未來幾年內，我該以挑老公的慎重心情，覓得一位理性勝於感性的可信賴朋友（或律師），擔任執行我意向的監護人，確保萬一意識喪失，不被胡亂電擊、插管瞎折騰，若有未完的以房養老合約，也不至於不明不白淪為呆帳或法拍……。

當然，還要預留一筆不動如山的錢，給未來如果萬幸意識清晰的自己，學學傅達仁大哥買張單程機加酒！

除了瑞士、比利時和美國的奧勒岡、夏威夷，或許到了需要的那一天，我將有更多元的選擇，來進行人生最棒也是最後的旅程也說不定。

生涯新智慧 048

重新愛上你

我們這一代的幸福與焦慮

作　　者：蘭萱
特約編輯：李秋絨
封面設計：Bert.design
責任編輯：沈博思
行銷企畫：楊佩珍、游荏涵

發 行 人：沈雲驄
發行人特助：戴志靜、黃靜怡
出版發行：早安財經文化有限公司
台北市郵政 30-178 號信箱
電話：(02) 2368-6840　傳真：(02) 2368-7115
早安財經網站：http://www.morningnet.com.tw
早安財經部落格：http://blog.udn.com/gmpress
早安財經粉絲專頁：http://www.facebook.com/gmpress

郵撥帳號：19708033　戶名：早安財經文化有限公司
讀者服務專線：(02)2368-6840　服務時間：週一至週五 10:00~18:00
24 小時傳真服務：(02)2368-7115
讀者服務信箱：service@morningnet.com.tw

總 經 銷：大和書報圖書股份有限公司
電話：(02)8990-2588
製版印刷：中原造像股份有限公司
初版 1 刷：2019 年 2 月

定　　價：360 元
I S B N：978-986-83196-5-3（平裝）

國家圖書館出版品預行編目（CIP）資料

重新愛上你：我們這一代的幸福與焦慮 / 蘭萱著. -- 初版. -- 臺北市：早安財經文化，2019.02
面； 公分. --（生涯新智慧；47）
ISBN 978-986-83196-5-3（平裝）

1. 生活指導 2. 自我實現

177.2 108000355